MAGIC ENGLISH

실용어휘 50, 영어 뿌리째 뽑아라 ⓒ 조영재 2002

초판 1쇄 발행일 | 2002년 5월 30일

지은이 | 조영재
펴낸이 | 이정원
표지·본문 그림 | 홍승우
본문 디자인 | 김인수

펴낸곳 | 도서출판 들녘미디어
등록일자 | 1995년 5월 17일
등록번호 | 10-1162
주소 | 서울 마포구 합정동 366-2 삼주빌딩 3층
전화 | (마케팅) 02-323-7849, (편집) 02-323-7366
팩시밀리 | 02-338-9640
홈페이지 | www.ddd21.co.kr

본문에 실린 그림 및 예문 등은 저자의 허락없이는 무단복제·전재를 금합니다.
잘못된 책은 구입하신 곳에서 바꿔드립니다.
ISBN 89-86632-74-8 (13740)

조영재의 매직잉글리시

실용어휘50

영어 뿌리째 뽑아라

들녘미디어

> 들어가는 글

나는 완전 까막눈이었다!!!

　20여 년 전 한국을 떠날 때만 해도 ABC도 모르던 내가 이제 영어에 대한 책을 내게 되다니 새삼 감개 무량하다. 1980년 12월 17일. 태어나서 12년 동안 살아 왔던 한국을 떠나는 날이었다. 그때 초등학교 5학년이었던 나는 — 지금은 초등학생도 영어를 배운다지만 그 당시에는 중학교 때부터 영어를 배웠다 — 영어에 대해서는 아무것도 모르는 상태였다. 게다가 공부에 그리 관심 많은 모범생(?)도 아니었고, 부모님도 이민 준비에 바쁘신 탓에 영어 공부하라고 잔소리를 하지 않으셨다. 그래도 나름대로 영어 공부한다고 알파벳 대문자를 외우긴 했다. 미국 공항에 도착하니 출입국 직원이 서류와 펜(pen)을 내밀면서 뭐라 말했다. 그때 나는 미국인이 나에게 직접 영어로 말하는 것을 난생 처음 경험했다. 눈만 깜박거리며 이 사람이 뭐를 쓰라는 것 같은데 뭐지 하고 있으려니, 옆에 서 있던 누나가 이름 쓰라고 말해줘 한글로 '조영재'라고 썼다. 내 이름을 영어 철자로 외우지 않았던 터라 어쩔 수가 없었다. 지금 생각해보면 참 용감하기(?) 짝이 없는 조기 이민자였다.

내가 맨 처음 배운 영어는 f..k you였다

　우리가 살게 된 곳은 뉴욕(New York) 바로 옆에 있는 뉴저지(New Jersey)였다. 부모님께서 집을 구하고 살림도 장만해야 했기 때문에 도착한 지 2주일 후에야 나는 부모님과 함께 학교에 가게 되었다. 한국에서 5학년을 거의 끝낼 무렵에 왔지만, 저학년일수록 학업에 따라가기 쉽다 하여 5학년으로 다시 편입하게 되었다. 미국인 선생님이 아이들 앞에 나를 세워두고 뭐라 소개하는 듯했지만 도통 알아들을 수가 없었다. 그런데 그 교실에 백인 애들 가운데 나랑 비슷하게 생긴 동양애가 하나 보였다.

　쉬는 시간이 되자 그애가 다가와 "너 영어 못하지?"라고 한국말로 하면서 "이 말은 꼭 외워둬"라며 한글로 '캔 아이 고 투 더 배투룸(Can I go to the bathroom?)'을 써주었다. 무슨 뜻인지 물어보았더니 "임마, 화장실은 가야지"라고 대답했다. 그날, 수업을 전혀 알아들을 수 없었던 나는 '캔 아이 고 투 더 배투룸'을 속으로 반복하며 외웠다. 그리고 영어 표현을 하나 더 배웠다. 쉬는 시간에 복도에 나와 있는 애들이 하는 말을 잘 들어보니 "f..k you"라는 말이 많이 들려왔다. 물어보니 욕이라고 했.

　학교 생활 첫날 나는 당분간 필요한 모든 것을 배웠다. 참을 수 없으면 말해야 되는 '캔 아이 고 투 더 배투룸', 그리고 나의 불쾌한 감정을 표현하는 'f..k you' 그렇게 시작된 나의 영어 배우기는 미국 대학에 진학해 레포트를 쓸 때까지 이어졌다.

영어 문법이라고는 아무것도 모르면서 영어를 시작했다

미국 생활 첫날부터 나는 영어를 문법적으로 배운 것이 아니라 이런 분위기에서는 이런 말을, 저런 때는 저런 말을, 즉 상황에 필요할 때마다 영어를 주워담는 식으로 배웠다. 어떻게 보면 바로 이 점이 한국에서 영어를 배우는 것과 현지에서 배우는 것의 가장 커다란 차이일지도 모르지만, 언어란 필요에 따라서 상황에 맞게 하나씩 배워 나가는 것이 올바른 학습법이란 생각이 든다.

그런데 목숨 바쳐(?) 영어를 배우고, 영어를 가르치는 한국에서는 영어를 의사 소통을 위한 수단으로 보지 않고, 학문으로 여겨 갈고 닦는 데 온힘을 기울인다. 그래서 어떤 문법책을 몇 번 보고, 문법에 대해서 얼마나 잘 이해하고 있느냐, 그리고 두꺼운 영어 단어책에 나와 있는 단어를 얼마나 많이 외우고 있느냐로 영어 실력을 평가한다.

대한민국 영어책은 다 똑같다

요즘은 청취 및 회화 위주의 교육이라고는 하지만 시중에 나와 있는 교재의 대화 지문을 보면 인기 있는 여러 회화 교재에서 단골로 나오는 표현을 이리저리 짜맞춘 것이 대부분이다. 그래서 실제로 미국인들과 대화할 때는 그들이 교재대로 말을 해주지 않기 때문에 도저히 공부한 것을 활용할 수가 없다.

그래서 나는 책을 이렇게 만들었다

〈중앙일보〉에 "조영재의 Magic English"를 연재하면서 그 칼럼에 소개되었던 글들을 「비빔툰」(한겨레신문 연재만화) 홍승우 화백의 기발한 그림과 더불어 미국 현지 모습을 찍은 사진을 곁들여 한 권의 책으로 엮었다. 이 책의 특징은 다음과 같다.

1. 기존 영어 책에서 단골로 우려먹는 불필요한 회화 표현은 절대 쓰지 않는다.
2. 내일 미국 땅에 도착해서 즉석에서 쓸 수 있는 대화 문장을 쓴다.
3. 20년 동안 미국에서 살면서 가장 많이 말하고 들었던 필수적인 단어 50개부터 시작한다.
4. 말만 잘한다고 다 되는 것이 아니다. 그들의 말을 이해할 수 있도록 간략한 문화적인 배경 설명도 실었다. 아마 미국에서 몇 년 산 사람보다 미국에 대해 더 잘 알게 될 것이다.

감사의 말씀

이 책을 내면서 나 자신이 그동안 많은 분의 도움을 받아서 오늘에 이르게 되었다는 것을 알게 되었다. 내 인생에서 지식인으로, 또 지조 있는 삶을 살 수 있도록 가르침을 주신 Bill Haver 교수님, 영어란 단순한 문법이 아니라 살아 있는 언어라는 것을 깨닫게 해주신 Mr. O'neil, 바쁜 중에도 뉴욕 현지 사진을 찍어주신 문제남 씨, 그리고 원고를 쓴 시간보다 더 많은 시간 원고를 고치고 조언해준 영원한 인생의 동반자 아내 김미련에게 이 책을 발간하면서 고마움을 전한다.

| 차례 | 가장 필수적인 단어 50개로 다양한 일상회화 표현하기 |

1... **Appetite** [간절히 원해요] 12
2... **Assemble** [같이 있고 싶어요] 16
3... **Back** [뒤에 뭐가 있네.] 20
4... **Bar** [미성년자는 술집에 못 가죠?] 24
5... **Break** [중간에 서면 어떻게 해요?] 28
6... **Call** [말 좀 합시다] 33
7... **Carry** [뭐든지 옮겨요] 38
8... **Catch** [전부 다 잡아요] 42
9... **Come** [이리 와! 우리 숙어가 되자] 46
10... **Consume** [이것저것 전부 다 먹어요] 54
11... **Cut** [뭐 줄일 것 없어요?] 58
12... **Debate** [얘기 좀 하자!] 64
13... **Deposit** [두고 가세요] 68
14... **Digest** [있는 족족 흡수해요] 72
15... **Discharge** [나가요!] 76
16-1... **Do** [하는 일이 많죠] 80
16-2... **Do** 84
17... **Drop** [뚝 떨어지네] 88
18... **End** [끝장이야] 92
19... **Engage** [지금은 무척 바빠] 96
20... **Estimate** [자, 있어요?] 100
21... **Expose** [어어! 보여 주면 안 되는데……] 104
22... **Firm** [전 변하지 않아요] 109
23... **Get** [뭐든지 주세요, 다 받아요] 112
24-1... **Give** [전부 다 드릴게요] 116
24-2... **Give** 120
25-1... **Go** [늘 어딘가로 가고 있어요] 125
25-2... **Go** 129
26-1... **Hand** [손으로 다 해요] 134
26-2... **Hand** 137
27-1... **Heart** [심장이 가슴에 있죠.] 142
27-2... **Heart** 146

28-1... **Hold** [잠깐만요] 150
28-2... **Hold** 154
29... **Inherit** [부모님이 주시는 것은 다 받아요] 157
30-1... **Let** [넌 이제 자유야!] 161
30-2... **Let** 165
31... **Look** [보여야 생각하죠] 170
32-1... **Make** [놀면 뭐 하냐, 뭐라도 하자] 177
32-2... **Make** 180
33-1... **Mean** [저를 통해서 하세요] 186
33-2... **Mean** 189
34-1... **Pack** [모여라! 모여라!] 193
34-2... **Pack** 198
35... **Paper** [종이인줄 알았지?] 202
36-1... **Pay** [반드시 대가가 있어요] 206
36-2... **Pay** 210
37... **Permit** [그래, 넌 할 수 있어] 215
38-1... **Pick** [바로, 너] 218
38-2... **Pick** 222
39... **Positive** [항상 좋은 것은 아니에요] 226
40-1... **Project** [항상 앞날을 생각해야죠] 229
40-2... **Project** 232
41-1... **Put** [어디다 둘까요] 236
41-2... **Put** 240
42... **Rent-Lease** [빌리면 돈 들어요] 246
43-1... **Run** [날마다 뛰는 줄만 알았죠?] 250
43-2... **Run** 254
44-1... **Save** [뭔가 남아야죠] 259
44-2... **Save** 262
45... **Spot** [바로 거기야, 거기!] 266
46... **Struggle** [난 투사야!] 270
47-1... **Take** [여기에 있으면 안 돼! 움직여] 275
47-2... **Take** 279
48... **Through** [과정이 있어야 끝이 있죠] 283
49... **Treat** [이게 웬 횡재냐?] 287
50... **Upset** [가만히 놔두지를 않네] 292

올바른 언어 학습법에 대한 지침서로 활용하자

〈중앙일보〉에 "조영재의 Magic English"를 연재하는 동안, 예시한 대화가 쉬운 단어로 구성되어 있음에도 한국에 계신 독자들로부터는 대화가 잘 이해되지 않는 부분이 많다는 소리를 들었고, 반대로 미국에 계신 교포 독자들에게선 실생활에서 바로 사용할 수 있는 유용한 표현이라 영어가 능숙하지 못한 남편 또는 아내의 교재로 삼기 좋다는 평을 들었다. 아마 한국의 독자들이 어렵다고 느끼는 것은 그동안 인공적으로 대화를 엮어온 한국식 영어에만 길들여진 탓이 아닐까라는 생각이 든다.

그렇다고 이 책으로 공부하면 단 몇 달 만에 영어를 통달할 수 있다고 말하는 것은 아니다. 사실 영어뿐만 아니라 모든 언어가 그렇듯이, 언어의 특성상 그렇게 단기간에 쉽게 통달되지 않는다. 다만 미국의 살아 있는 영어를 소개하는 이 책을 통해, 습관적으로 되풀이하고 있는 잘못된 영어 학습법에 대해서 다시 한 번 진지하게 생각해보고, 목숨 걸고(?) 매달리는 영어 역시 수백 개의 언어 중에 하나라는 관점을 가지기를 바랄 뿐이다.

올바른 언어 학습법에 대한 지침서로 활용할 수 있는 이 책은, 낯설지만 제대로 된 길을 가고 있다는 믿음으로 꾸준히 하면 반드시 된다는 신념이 있는 분만 공부하시기를 바라며, 그런 분들은 반드시 성과를 거둘 것으로 확신한다.

이 책을 어떻게 사용할까

외국어를 공부로 인식하고 무조건 열심히 한다고 되는 것은 아니다.
어렵고 정복해야 할 대상으로서의 영어가 아니라
자신의 느낌이나 생각을 나타낼 수 있는 수단으로 영어를 생각하자.

1. 하루에 한 단어씩 50일간만 보면 된다.

2. 이 책에 나오는 단어의 뜻을 외우지 마라 – 깊이깊이 그 개념을 생각하라.

    영어는 한 단어에 여러 의미가 있다. 다양하게 응용될 수 있도록 상상하라.

3. 교재에 실린 대화를 테이프로 들어보라 – 아무 생각없이 따라 할 수 있을 때까지

4. 잘 들리지 않으면 초반에는 스크립터를 참조해서 보자 – 청취의 왕도는 꾸준함밖에 없다.

5. 머릿속에 실제 상황인 것처럼 생각하고 똑같이 흉내를 내보자.

6. 교재의 대화를 좀더 알고 싶다면 단어/표현 연구를 보자.

MAGIC ENGLISH

실용어휘50, 영어 뿌리째 뽑아라

01 Appetite

간절히 원해요

I don't have much appetite.

의욕이 없어요.

    일상적인 생활영어에서 Appetite란 단어를 사용할 때는 주로 먹는 것과 관련있다. appetite란 단어의 원초적인 개념을 찾아보면 '뭔가를 원하다'이다. 그래서 먹을 것을 원하는 → 1) '식욕', 성적인 것을 원하는 → 2) '성욕', 식욕이나 성욕이 아닌 일반적인 물질이나 정신적인 것을 원하는 경우에는 그냥 3) '욕구/갈망'이라고 해석하면 되는데, 이 때는 전치사 for + 대상의 형태로 쓴다.

    그러므로 appetite는 '식욕, 성욕, 욕구/갈망'이라고 세 가지로 외울 것이 아니라 원래 가지고 있는 기본적인 개념을 느끼면 된다. 그럼 이제 appetite에 대한 느낌도 체득했으니 실제로 미국인들이 어떻게 이 단어를 사용하는지 살펴보기로 하자.

CONVERSATION 1

Ⓐ John, let's go out for a snack.
존, 간단히 요기 좀 할까?

Ⓑ No thanks. I don't have any appetite.
안 먹을래, 별로 **식욕**이 없어.

```
어휘
표현
설명
```

▶ **go out for a snack**은 '간단하게 요기하다' 라는 의미로 많이 사용하는 표현이다. 같은 의미로 "John, let's grab something to eat." 또는 "John, let's have a quick bite."와 같이 grab something to eat나 have a quick bite와 같은 표현을 사용해도 된다.

  ▶ **grab**은 '손에 움켜쥐다' 라는 원래의 뜻에서 파생되어 지금은 '손에 들고 싼 가격에 편하게 먹는 음식' 이란 뜻까지 포함하게 되었다. 우리나라의 김밥, 떡볶이, 라면 같은 음식이라고 보면 된다.

  ▶ **bite**는 '~을 물다/물기' 가 원래의 뜻이지만, '간단한 스낵 종류의 음식을 먹다' 라는 뜻으로도 사용된다. 그래서 정식이나 잘 차린 음식을 먹는 표현에는 쓰지 않는다.

▶ **No thanks. I don't have any appetite.** (안 먹을래, 별로 식욕이 없어) 같은 의미로 "I think I'll skip it. I don't have much appetite.(그냥 건너뛰지, 뭐. 별로 식욕도 없는데)"를 사용해도 좋다. 반대로 아주 먹고 싶을 경우에는 "I'd love to. I'm craving for pizza.(그래 좋아. 그러잖아도 피자가 먹고 싶어 죽을 지경이야)"와 같은 표현을 사용하면 된다.

  ▶ **skip**은 '건너뛰다' 라는 뜻에서, 건너뛰면 당연히 안 한 상태가 되므로 '~을 하지 않다' 라는 의미로도 사용된다.

  ▶ **crave**는 '~을 몹시(간절히) 원하다' 라는 뜻. 해석상으로는 appetite와 별 차이가 없지만 appetite가 막연하게 뭔가를 먹고 싶은 생각, 즉 식욕을 나타내는 반면, crave는 전치사 for+대상의 형태로 구체적인 음식물을 몹시 먹고 싶다는 느낌을 나타낸다. 위 문장의 craving for 대신 dying for로 바꿔 써도 같은 의미다.

> 영재의 문화 탐방

영화에서 아침 일찍, 시간을 아끼려는 뉴요커(New Yorker : 뉴욕 사람을 일컫는 별칭)들이 길거리 여기저기에 마치 우리나라의 떡볶이 파는 포장마차 같은 곳에서 도넛이나 베이글에 커피를 곁들여 먹으면서 아침식사를 하는 장면을 자주 보게 된다. 아침 10시경까지 계속되는 이 풍경은 곧 핫도그를 파는 포장마차들(hotdog stand)로 바뀌어 들어서게 되는데, 간단한 점심이나 출출할 때 시장기를 때우기 위해서는 최고의 장소다. 앞의 대화는 이런 뉴요커들에게 아주 잘 어울리는 표현이다. 근사하고 멋있게 좌악 빼입고서 시간을 아끼느라 간단하게 햄버거나 핫도그를 손에 쥔 이들 사이에는 틀림없이 그런 대화가 오간다.

얼마 전 필자가 코엑스몰의 상가를 지나가다가 미국 생각이 나서 뉴욕 스타일의 메뉴가 즐비한 어느 음식점에서 핫도그를 먹었는데, 맛에서는 별 차이를 못 느꼈지만 가격면에서는 상당한 차이가 있었다. 뉴욕에서 4~8개를 먹을 수 있는 액수로 한 개밖에 먹을 수 없었다. 미국에서는 싸고 간단하게 길거리에서도 먹을 수 있는 grab something to eat에 해당하는 음식이 한국에서는 설렁탕보다 더 비쌌다.

CONVERSATION 2

A Hey Tom, did you see that Japanese flick, "In the Realm of Senses"? Wasn't it a great movie?

「감각의 제국」이란 일본 영화 봤니? 대단한 영화지?

B **Did you think so? I thought it had too much sex. I totally lost my sexual appetite after seeing the movie.**

그래? 내가 보기엔 성적인 게 너무 많다고 생각되던데. 그 영화 보고 난 뒤에는 **성욕**이 싹 가시더군.

| 어휘 |
| 표현 |
| 설명 |

▶ **flick**은 '(매, 채찍 따위로) 찰싹 때리다/치기'라는 뜻이다. '영화'라는 의미의 movie라는 단어는 잘 알고 있지만 여기에 나온 flick도 영화라는 의미로 자주 쓰이는 단어이니 꼭 알아두자. 문장을 해석할 때 항상 모든 단어를 다 알고 해석할 수는 없다. 위 문장에서도 flick이란 단어의 뜻을 모른다고 해도 문장 내용상 힌트가 되는 단어들이 보인다. 예를 들어 a great movie, seeing the movie가 있으니 영화에 관련된 단어라고 유추하면 된다.

CONVERSATION 3

A **I didn't know that Emily was such a voracious reader. The book she is reading is the seventh one this month.**

에밀리가 그렇게 열성적인 독서광인 줄은 몰랐어. 지금 읽고 있는 책은 이 달에 들어 7권째야.

B **Yeah, she has had a huge appetite for reading since she was very young.**

응, 어렸을 때부터 독서에는 **열광적**이지.

| 어휘 |
| 표현 |
| 설명 |

▶ **voracious**는 '아주 많이 먹는', '물리지 않는' 즉, 아주 게걸스럽고 탐욕스럽게 지칠 줄 모르고 뭔가를 먹거나 갈망하는 것을 표현하는 단어다. 그래서 a voracious appetite라고 하면 아주 왕성한 식욕을 나타내고, 위와 같이 뭔가에 아주 열정적으로 푹 빠진 사람을 나타내기도 한다. 이 문장에서도 voracious라는 뜻을 정확히 모르더라도 the seventh one this month, a huge appetite for reading이란 문맥으로 보아 전체적인 의미를 파악하는 것은 그리 어렵지 않다.

02 Assemble 같이 있고 싶어요

How did you ever find the time to assemble all this?

언제 시간을 내서 이걸 다 모았어?

Assemble이란 단어는 기본적으로 흩어져 있는 것을 '모아들인다' 라는 개념에서 출발하여 → 1) '모으다/수집하다', 여러 부분으로 나누어진 것을 하나로 모아서 → 2) '조립하다'의 뜻이 된다. 명사형인 assembly는 '집회' 또는 '조립'이란 뜻이다. 예를 들어 national assembly라는 단어는 national(전국의)+assembly(집회/조립)이란 의미에서 '전국 각 지역의 대표자들이 모인 곳', 즉 '국회'가 된다. 아주 다양한 상황에서 접할 수 있는 단어이다. 의미를 따로 암기하지 말고 일단 아래 대화에서 어떠한 상황에서 사용되는지 확인해보자.

 **CONVERSATION 1**

Ⓐ Bob, this is a very impressive collection of comic books. How did you ever find the time to assemble all this?
밥, 이 만화 수집품 아주 좋은데. 언제 시간을 내서 이걸 다 **모았어**?

Ⓑ Well, it wasn't easy. But whenever I had a bit of spare time, I tried to hit the store. You know how much these rare comic books are worth. This is my hobby as well as my retirement plan.
쉽진 않았지. 시간 날 때마다 찾아다녔어. 이런 희귀한 만화책이 얼마나 가치 있는지는 자네도 알 거야. 취미이기도 하지만 노후 대책이기도 하지.

예문이 다소 어렵지만 위의 대화가 일어날 만한 상황을 생각해보면 쉽게 이해된다. 위의 대화에서 collection(수집)이라는 단어가 쓰였으니 assemble이란 단어가 '수집하다'라는 의미로 사용된다고 생각할 수 있다.

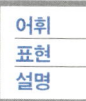

- **impressive**는 '훌륭한/인상적인' 의미의 형용사다. 동사형은 impress '~을 감동시키다', 명사형 impression은 '인상'이란 의미다.

- **collect**는 '모으다'라는 의미의 기본 동사다. assemble의 유사어이기도 하다. 명사형 collection은 '수집'이란 뜻 이외에 '모금'이란 의미도 있으니 기억해두자. "We're taking up a collection for the homeless." (우리는 집 없는 사람들을 위한 모금을 실시하고 있습니다)

17

◉ **have a bit of spare time**이란 표현에서 have는 물건에 대한 소유를 나타내지만, 시간과 관련해서도 사용할 수가 있다. a bit of는 '조금의', spare은 '여분'이란 뜻에서 time(시간)을 연결시키면 '여가 시간'이 된다. 같은 의미로 free time이란 표현을 사용해도 무관하다.

◉ **hit**을 단지 '때리다'라는 의미로만 사용하지 말고 '급습하다'라는 개념에서 '잠깐 들르다', '~에 가다'라는 의미로도 사용할 수 있다. 그래서 '지금 떠나자/출발하자'는 의미로 "Let's hit the road"라는 표현이 나왔다.

◉ 위 상황에서는 rare가 '드문' '희귀한'의 의미로 사용되지만 '덜 구워진'이란 의미도 있다는 것을 기억하자. 미국 식당에 가서 "I'd like to have my steak rare, please.(고기는 약간 덜 익혀주세요)"라고 하면 피가 줄줄 흐르는 상태로 고기가 나온다. 한국 사람 입맛에 적당한 굽기는 medium well 정도다.

CONVERSATION 2

🅐 **So Min-Su, do you like your new apartment more than your old dorm room?**
민수야, 전에 살던 기숙사보다 새 아파트가 더 낫지?

🅑 **Yes, I like it a lot better. But the thing I don't like is that all the furniture I bought required assembly. I must have spent almost two days assembling it.**
그래, 훨씬 낫지. 그런데 새로 산 가구를 전부 **조립**하는 건 싫어. **조립하는 데** 거의 이틀이 걸렸거든.

대화 2에서는 furniture(가구)란 단어 때문에 assembly와 assembling이 조립과 관련된 뜻으로 해석할 수 있다.

어휘
표현
설명

◉ **dorm room**은 dormitory room(기숙사 방)의 줄인 말이다. 일상생활에서는 dormitory보다는 dorm이란 표현을 더 많이 사용한다.

◉ **must have+p.p** 형태는 '~했어야만 했다'라는 의미다. 즉 "I must have

studied all night.(밤새 공부를 했어야 했다)"이라고 표현한다.

⑩ 미국에서는 책상, 의자 혹은 자전거 따위를 사게 되면 분리된 상태로 배달되기 때문에 직접 조립을 해서 사용해야 한다. 이게 귀찮다면 배달원에게 따로 지불하면 집에서 조립을 해주기도 한다.

영재의 문화 탐방

만화는 아이들이나 보는 것 정도로만 여기는데, 미국에서도 물론 아이들이 많이 보지만 어른들의 경우에는 재미를 넘어 투자용으로 수집하는 경우가 많다. 우리가 영화로만 알고 있는 「Super Man」(슈퍼맨) 「Bat Man」(배트맨) 「X-man」(엑스맨)과 같은 만화는 미국에서 20~30년 동안 연재되었던 대표적인 만화로 인기를 끌다가 후에 영화로 만들어졌다. 따라서 어릴 때 이런 만화의 독자로 시작해 지금 30~40대가 된 세대들이 만화를 광적으로 수집한다.

미국인들은 만화를 아이들이나 즐기는 단순한 오락용이 아니라 사회 질서 및 정의와 관련한 여러 사상과 철학을 담고 있다고 여긴다. 70년대 TV에서 인기리에 방영되었던 「Wonder Woman」(원더 우먼)도 만화로 먼저 알려졌다. 독립적이고 용맹한 여성상을 표방하여 여성 평등화에 긍정적인 영향을 미쳤다고 평가받기도 했다.

뿐만 아니라 만화는 투자 대상으로도 가치가 높다. 유명 만화의 mint condition(민트 컨디션 : 출간될 당시의 깨끗한 상태) 제1권은, 20~30년이 지나면 수천 달러의 가치가 있기 때문에 수집광들은 만화를 마치 보물 다루듯이 한다. 각종 운동 선수들의 얼굴이나 신상 명세가 기록되어 있는 카드도 투자 대상이 되는데, 불과 몇 센트에 불과했던 농구 스타 마이클 조던의 신인 때의 카드가 지금 수천 달러에 팔리고 있다.

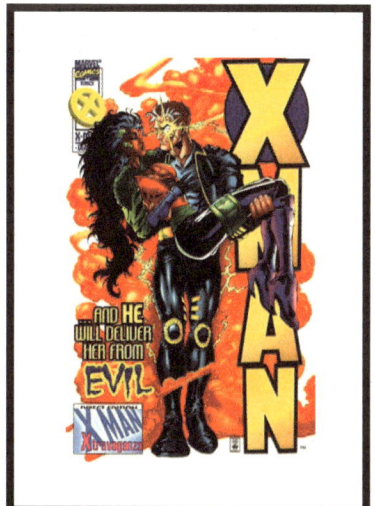

03 Back

뒤에 뭐가 있네

Michael Jordan was a back up.

마이클 조던은 후보 선수였다.

    Back은 아주 쉬운 단어이기도 하지만 여러 의미가 담긴 단어다. 명사형으로 사용하면 '등/허리' 라는 의미다. 즉 "I threw my back out yesterday lifting this table.(어제 이 테이블을 들다가 허리를 삐끗했어)"이며, 동사형으로 사용될 때는 생활영어에서 복합어로 의미가 다양한데, 원래 개념인 back(뒤)을 연상하면 여러 가지 의미를 일일이 외울 필요가 없다. back의 기본적인 개념을 정리해보면 → 1) '(원래 상태로) 되돌아가는' → 2) '회복하는' →3) '뒤/후면' 이다.

1. back up

1) 컴퓨터를 사용해본 사람이라면 이 단어를 아주 잘 알고 있겠지만 (손상될 데이터에 대비해) '여분의 데이터 파일을 만들다' 라는 뜻으로 쓰인다.
2) 이 개념이 운동에 적용되면 주전 선수(starter)의 부상이나 경기 부진을 대비해 준비된 '후보 선수' (back up)라는 뜻이며,
3) 경찰관이 쓴다면 '지원 요청' 이란 뜻이다.

SENTENCE

Ⓐ John lost all of his data because he forgot to make a back up file.

존은 **백업(보관용)** 파일을 만들어놓지 않았기 때문에 데이터를 전부 잃었다.

- '잃어버리다' 는 뜻으로 당연히 lose(-lost-lost)란 단어를 떠올릴 것이다. lose는 단지 물건을 분실하는 경우에만 사용하는 것이 아니라 추상적인 대상에도 사용되어 "He lost a golden opportunity.(그는 절호의 기회를 놓쳤다)"와 같이 해석되며, 이해가 잘 되지 않는다는 개념에서는 "I felt lost during yesterday's meeting.(어제 회의에서는 무슨 말을 하는지 전혀 못 알아들었어)" 으로 사용된다.

- **file**이 동사형으로 사용될 때는 '서류를 제출하다/정리하다' 는 의미로 사용된다. "He filed for divorce last week." (그는 지난주에 이혼 신청을 했다)

Ⓑ When Michael Jordan was in high school, he was a back up. But through his hard work, he became the most famous basketball player in the world.

마이클 조던은 고등학교 다닐 때 **후보 선수**였다. 그러나 각고의 노력으로 그는 전 세계에서 가장 유명한 농구 선수가 되었다.

- **through**를 사전에서 찾아보면 전치사 겸 부사로 30개에 가까운 의미가 있음을 알 수 있다. 한마디로 사전식으로 공부한다면 끝도 없다는 뜻이다. 하지만 간단하게 기본적인 의미인 '~을 통하여' 라는 의미를 외워두면 되는데, 덧붙여 '경험 또는 관계가 끝남' 이란 의미로 사용될 때도 있다는 것을 알면 완벽하다. "He went through a lot the past few months.(그는 몇 달 동안 많은 것을 경험했어)" "You're through." (당신은 이제 끝장이야)

- **hard work**을 직역하면 '어려운 일' 이지만 여기서 work은 노력으로 이해하면 된다. 그래서 "열심히 해!"라고 말하고 싶으면 "Keep up the good work!" 그리고 hard는 '딱딱한, 어려운' 이란 뜻 외에 '열심히/부지런한' 이란 뜻도 있다. "그는 부지런한 사람이야'라고 말하고 싶으면 간단히 "He's a hard worker."라고 하면 된다.

ⓒ When confronted by ten armed bank robbers, the two cops had to call for back up.
무장한 10명의 은행털이범과 마주쳤을 때, 두 경찰은 **지원**을 요청해야 했다.

- **confront**는 '당면하다' 는 뜻인데 얼굴을 의미하는 face를 동사형으로 사용하면 같은 의미가 된다.

- **arm**은 '팔' 외에 '무기' 라는 의미도 있다. 그래서 형용사형으로 armed라고 하면 '무장된' 이란 의미다.

2. back down

back down은 '뒤로 물러나(back) 꺾는다(down)' 의 개념에서 자신의 의지나 뜻을 굽힌다는 뜻으로 쓰인다.

SENTENCE

ⓓ Despite his mother's strong opposition, John didn't back down and married his sweetheart.
어머니의 강한 반대에도 불구하고, 존은 뜻을 **굽히지** 않고 그의 연인과 결혼했다.

- **opposition**은 oppose(반대하다)의 명사형이다. opposition은 직접적으로 '반대' 라는 의미도 있지만 '적' 혹은 '상대', 그리고 정치적인 상황에서는 '야당' 이란

의미로도 사용된다.

- **sweetheart**에서 heart는 흔히 마음이란 뜻으로 많이 사용되는데 여기에 sweet이 붙어 마음을 달콤하게 해주는 사람, 즉 (결혼 전에는) '자기'라는 뜻이 있고, (결혼 후에는) '여보'라는 뉘앙스를 지닌 단어다.

3. back off

back off는 '뒤로 물러나(back) 떨어지다(off)'의 개념에서 (사생활에) 참견하거나 끼어들지 말라는 상황에서 쓰인다.

E When Tim was becoming intrusive, Alice had to tell him to back off.
팀이 사적인 것까지 참견을 하자, 앨리스는 **참견하지 말라**고 소리쳤다.

- 미국인들은 개인생활(privacy)을 아주 중요시 여긴다. 그래서 아무리 친한 사이더라도 상대방의 개인생활에는 참견하지 않는다. 'intrusive(침입하는)'란 단어가 사용된 대화라면 아주 기분이 상한 대화자를 연상할 수 있다.

04 Bar

미성년자는 술집에 못 가죠?

It's a local bar.

우리 동네에 있는 술집이야.

Bar라는 단어를 들었을 때, 가장 먼저 떠오르는 장면은 아마 담배 연기가 자욱한 술집일 것이다. 물론 술집이란 뜻도 있지만, 실제로는 여러 가지 의미를 가지고 있다. Bar는 기본적으로 길쭉한 막대 모양이란 개념에서 → 1) '긴 막대기', 긴 막대기로 가로막아 놓으면 → 2) '금지하다', 긴 막대기가 여러 개 꽂혀 있으면 → 3) '쇠창살'이란 의미에다 → 4) '사법시험' 또는 '사법시험을 통과한 사람들의 모임'이란 뜻이 된다.

 **CONVERSATION 1**

A Let's stop by Blarney's!(= Let's drop by Blarney's!)
블라니즈에 잠깐 들르자!

B What's that?
그게 뭔데?

A It's a local bar.(= It's a neighborhood bar.)
우리 동네에 있는 **술집**이야.

> 어휘
> 표현
> 설명

◉ **Let's**는 '~합시다/할래?' 라고 말할 때 실생활에서 아주 유용하게 쓰이는 기본적인 표현이다.

◉ **stop by**는 '~에 잠깐 들르다' 는 표현으로, 같은 의미로 drop by를 사용할 수도 있다.

◉ "우리 동네에 있는 술집이야"라는 표현으로 "It's a local bar." 또는 "It's a neighborhood bar."라고도 한다. local은 우리가 흔히 '지역/지방' 의 의미로만 알고 있는데 실생활에서는 '동네' 라는 의미로 많이 사용된다. 그리고 neighborhood도 '지역' 이란 의미도 있지만 local처럼 '동네' 라는 의미로도 사용되어, "It's a neighborhood bar."라고 하면 역시 "우리 동네에 있는 술집이야"라는 의미다. local은 또한 '완행' 이란 뜻도 있는데 예를 들면 "Is this a local or express train?(이 기차는 완행입니까 아니면 급행입니까?)"이다.

영재의 문화 탐방

필자는 바(Bar)라는 술집 개념에서 한국과 미국의 음주 문화 차이를 느끼게 되었다. 한국에서는 퇴근 후 동료나 상사들과 어울려 술을 마시는 것이 사회생활의 연장인 것처럼 인식되는 데 비해, 미국에서는 집 주변의 술집(local bar)에서 혼자 아니면 친구들과 어울려 대화를 하거나 스포츠 게임을 시청하는 것이 술을 마신다. 그리고 필자가 살던 뉴욕의 맨해튼에는 Blarney's(블라니즈) 혹은 Blarney Stone(블라니 스톤)이라는 이름을 가진 바가 많아 특이하다고 생각했는데, 그 이유인즉슨 이러했다.

아일랜드에 Blarney Stone이라는 성(castle)이 있는데 이 성벽에 입을 맞추면 말을 잘하게 되고 아부를 잘할 수 있는 능력을 얻을 수 있다는 전설이 있다. 이 전설에 빗대어 Blarney Stone은 대화를 즐기는 장소라는 개념과 상통하며, 처음 이 바를 운영한 이들도 주로 아일랜드계였고, 술집을 찾는 손님들 또한 아일랜드계였음을 알 수 있다.

한마디 덧붙이자면 일반적인 통념상 아일랜드계 미국인들은 술을 매우 즐기는 민족이라고 알려져 있다. 술을 마시는 습성과 성격면에서 다혈질적이라는 점에서는 아일랜드 민족이 우리와 아주 유사한 정서를 가진 민족인 것 같다.

미국과 또 다른 음주 문화의 차이로 한국에서는 낮술 하는 사람을 거의 알코올 중독자(alcoholics)라고 생각하는데 미국인들은 무척 무더운 여름에 점심을 먹으면서 시원한 맥주 한두 잔 하는 것이 일반적이다. 반면 일주일에 서너 번 술자리가 있어 만취하는 한국 사람을 보면 미국인은 틀림없이 알코올 증세가 있는 것으로 여길 것이다.

A Eric, I forgot to stop by the store. Would you mind if I borrow **a bar** of soap?

에릭, 가게에 들르는 것을 잊어버렸어. 비누 **한 장**만 빌려주겠어?

- **soap**(비누)이 bar(막대기) 모양이란 점에서 a bar of soap은 '비누 한 장' 이란 뜻으로 해석된다.

- 너무나 당연한 말이지만 질문형에 mind(실례)라는 단어가 있을 때는 부정형으로 답을 해야 긍정의 내용이 된다.

ⓑ Minors are barred from entering this establishment. If you get caught, you could be put behind bars or be heavily fined.

이곳은 미성년자의 출입을 **금합니다**. 만약 걸리면 **구속**되거나 중한 벌금형에 처합니다.

- **establishment**는 establish(설립하다)의 명사형이다. establishment의 사전적 의미로 '설립' 이란 뜻으로만 많이 알고 있는데, 시설이란 의미를 지니고 있어 '상점/술집' 이란 뜻으로도 실생활에서 많이 사용된다.

- **catch**의 과거분사형인 caught는 용법이 너무 많아 여기서 전부 설명하긴 어렵지만 위의 상황에서는 '잡다' 라는 의미로 get 동사를 함께 사용하면 '잡히다/걸리다' 라는 뜻이 된다.

- **put behind bars**란 표현은 fine(벌금)이란 단어를 알고 있으면 당연히 형벌과 관련되어 쇠창살 뒤에 놓여지는 상황, 즉 '감옥에 가게 되다' 라는 의미로 해석할 수 있다.

ⓒ It took John three tries to pass the bar exam.

존은 **사법시험**에 삼수해서 통과했다.

- **try**는 동사형으로 많이 사용되고 있는데 위의 문장에서처럼 '시도' 라는 명사형으로도 사용된다는 것을 기억하자.

- **pass**는 '시험에 통과하다' 라는 의미다. 그러므로 bar는 당연히 시험의 종류라는 의미로 사용되는데 위 상황에서는 '사법시험' 이란 뜻이 된다.

05 Break

중간에 서면 어떻게 해요?

What's your plan for spring break?

봄방학 때 무슨 계획 있니?

　　Break라는 단어에 대해 우리는 흔히 '부수다/깨다'라는 정도의 의미로만 생각하고 있지만 실생활에서는 아주 다양한 의미로 쓰이는 단어다. 먼저, 지속되고 있는 정기적인 상태를 깨다라는 개념에서 → 1) (짧은 기간의) '방학/휴식'의 의미, 과거분사형의 형태 (broken)로 형용사로 사용될 때는 → 2) '돈이 다 떨어진 상태' 그리고 흔히 down이나 up 등의 단어와 함께 숙어로도 사용된다. 그 대표적인 숙어가 'break down : 고장나다', 'break up : 헤어지다' 또는 '중단하다'이다.

CONVERSATION 1

Ⓐ 너 팔이 어떻게 된 거야?

Ⓑ 농구를 하다가 **부러졌어**.

영어로 어떻게 말하나 고민하지 말고 대략 상황에 맞는 단어를 먼저 생각하자.
A의 말에서 가장 기본적인 표현은 팔, 영어로 arm이라고 하면 되고 '어떻게 된 거야'는 우리가 중학교 때부터 배우는 표현 'What happened to…?'를 사용하면 된다. B가 하는 말에서는 먼저, 농구는 basketball, 놀다는 playing. 이 정도만 생각해내면 충분하다. 대화를 완성해보면,

Ⓐ What happened to your arm?

Ⓑ I broke it playing basketball.

위 상황에서처럼 break는 '깨다'에서 '부러지는' 상황까지 표현할 수 있다. 토플이나 토익 시험에서는 방학이나 쉬는 시간의 의미로 break가 자주 사용되니 시험을 대비하시는 분들은 필수적으로 외워야 할 단어다.

CONVERSATION 2

Ⓐ What's your plan for spring break?
봄**방학** 동안에 뭐 할 거야?

Ⓑ Well, I'm going to have a ball at Daytona Beach.
응, 데이토나 비치에 가서 신나게 놀아볼 생각이야.

| 어휘 |
| 표현 |
| 설명 |

- **break**는 '방학'이란 뜻도 갖고 있는데, 대부분 계절을 나타내는 단어와 어울려 spring break(봄방학), winter break(겨울방학)의 형태로 주로 사용된다.

- **plan**이란 단어는 '계획'이란 뜻인데 명사형/동사형으로 사용할 수도 있다.

- **ball**이라면 우리는 흔히 운동이나 놀이할 때의 공을 연상하지만, '파티(party)'란 의미도 갖고 있다. 이러한 상황에서는 '아주 재미있게 놀다'는 뜻으로 going to have a ball이란 표현을 사용한다.

CONVERSATION 3

A I'm beat.
온몸이 쑤신다.

B Me too, let's take a **break**.
나도 그래. 잠시 **쉬었다** 하자.

| 어휘 |
| 표현 |
| 설명 |

- 이 문장에서 쓰인 beat란 단어로 break가 어떤 의미인지 유추할 수 있다. break가 '휴식'이란 의미일 때는 주로 동사 take와 함께 take a break란 형태로 주로 사용된다. beat는 원래 '박자', '때리다'라는 뜻의 단어다. 하지만 위의 상황처럼 'I'm beat.'로 쓰이면 거의 대부분 '몹시 피곤하다'라는 의미를 지닌다.

SENTENCE

A This is the third time in a month that my washing machine **broke down**.
세탁기가 **고장난** 게 이 달에만 벌써 세 번째야.

B **You should not patronize Joe's Laundromat because over half of its washing machines are out of order.**
조의 빨래방에 가지 마, 세탁기의 반 이상이 **고장이야**.

- '망가지다'라는 의미로 break down과 out of order가 있는데 쓰이는 상황은 약간 차이가 있다. break down은 개인적으로 소유하고 있는 물건이 망가지는 경우에, out of order는 여러 사람이 사용하거나 또는 공공의 목적으로 사용되는 기물이 망가지는 경우에 사용된다.

- **patronize**는 '고객'이란 뜻의 patron을 동사화하여 '상점을 이용하다'라는 의미다.

영재의 문화 탐방

데이토나 비치라는 단어에서 이미 이 모임이 어떤 것인지 대강 짐작할 수 있다. 한국의 매스컴에서 학기 초마다 실리는 기사 중의 하나가 대학생들이 신입생 환영회에서 지나치게 술을 먹어 목숨을 잃는 일이 발생하는 사건이다. 이는 비단 한국에서만의 일이 아니고, 미국에서도 이와 유사한 경우가 있다. 미국 남자 대학생 사교 동아리(fraternity)나 여자 대학생 사교 동아리(sorority)에서 신입생 환영회(initiation) 때는 심한 구타와 강제로 술을 먹이는 관습이 있는데, 그로 인해 사망하는 경우도 있다.

미국처럼 수평적 사회에서 이같은 관습이 유지되는 것은 이러한 사교 동아리에서의 선/후배 관계가 사회에서 성공하는 데 큰 밑거름이 되고, 그에 따라 이런 동아리에 가입하려는 학생들이 많기 때문이다. 신입생 환영회 이외에 미국 대학생들이 또 한 번 지나치게 술을 마시는 때가 있는데, 춥고 긴 겨울이 끝나고 난 뒤의 1주일 정도 되는 봄방학 기간이다. 이때는 주로 기온이 따뜻한 플로리다를 찾는데 그 중에서 제일 인기 있는 곳이 데이토나 비치로, 대부분 3박 4일 동안 술에 젖어 파티를 즐긴다. 미국 대학생들은 열심히 공부만 하는 줄 알지만 그들 역시 한국 대학생들처럼 목숨 걸고 술을 마시고 놀기도 한다.

C **She was heartbroken when her boyfriend wanted to break up.**
애인이 **헤어지고** 싶다고 했을 때 그녀의 마음은 찢어지는 것 같았다.

D The police were called to break up a fight.
싸움을 **말리기** 위해 경찰을 불렀다(요청되었다).

- **break up**이란 숙어가 '헤어지다'라는 뜻으로 쓰일 때는 문장에 boyfriend 또는 girlfriend가 뒤따라온다. 그리고 (싸움 따위를) '말리다/해산시키다'라는 의미일 때는 문장에 fight나 crowd(군중) 등의 단어가 온다.

- **heartbreak**는 글자 그대로 heart(마음)+break(깨지다)라는 뜻인데 위 상황처럼 과거분사의 형태로 형용사 역할을 한다.

말 좀 합시다 | Call 06

What have you decided to call the baby?

아기 이름을 무엇으로 짓기로 했니?

    Call이란 단어는 요즘에는 초등학생도 알고 있는 아주 기본적인 동사다. 주로 '~를 부르다' 라는 기본 개념에서 → 1) (사람 이름 등을) '부르다' → 2) '전화를 걸다', 그리고 직접 집에 찾아가 상대방의 이름을 부른다고 생각하면 → 3) '방문하다' 는 의미도 된다. 또한 call은 관련된 숙어가 아주 많다.

CONVERSATION 1

Ⓐ Give me a ring when you get a chance.
시간이 나면 전화해.

Ⓑ O.K. I'll definitely call you first thing in the morning.
아침에 일어나자마자 꼭 **전화할게**.

| 어휘 |
| 표현 |
| 설명 |

- 예문 A에서는 ring이란 단어로 보아 call이 '전화를 걸다'라고 해석됨을 알 수 있다. 일반적으로 ring은 '반지'란 뜻도 있지만 '전화 벨소리' 또는 일상생활에서는 '전화'라는 의미로도 사용된다. "전화해"라고 할 때 간단하게 "Call me."라는 표현을 많이 사용하지만 "Give me a ring." 또는 "Give me a call."이라고도 표현한다.

- **definitely**는 '확실하게, 꼭'이란 뜻으로도 쓰인다. 이러한 의미로 사용될 때는 상대방의 마음을 안심시킬 때다. 간혹 상대가 "Are you sure?"라고 물을 때 "Oh, definitely!"라고 하면 "확실하지"라는 뜻이 된다.

- **first thing in the morning**이란 '아침에 일어나자마자 한다'는 의미다. in the morning 대신에 in the afternoon을 쓰면 오후에 할 일 중에서 가장 먼저 한다는 뜻이다.

CONVERSATION 2

Ⓐ What have you decided to call the baby?
아기 이름을 뭐로 **짓기로** 했니?

Ⓑ We named him Daniel.
대니얼이라고 지었어.

| 어휘 |
| 표현 |
| 설명 |

- **call**이란 단어가 '이름을 짓다'라는 의미가 될 때는 name으로 바꾸어 사용해도 된다. name은 '이름'이라는 명사형도 되고 '이름을 짓다'라는 동사형도 될 수 있다. 한 가지 재미있는 것은 name calling이라고 하면 '욕'이란 뜻이니 주의해야 한다.

CONVERSATION 3

A It's very fortunate that we have Dr. Grant for our family doctor.
그랜트 의사 선생님이 우리 주치의라는 것이 아주 다행이야.

B It's not easy to find a family doctor who's willing to make house **calls** these days.
방문 치료하는 주치의를 찾는 것은 요즘 같아선 쉬운 일이 아니지.

| 어휘 |
| 표현 |
| 설명 |

- 이 예문에서는 call이 '방문하다'는 뜻으로 사용되고 있다.

- **It's very fortunate that...**이라는 표현은 아주 어려운 일을 경험하고 난 후 "불행 중 다행이야"라는 뜻으로 사용할 수 있는 구문이다. 중산층 이상의 미국인들은 주로 1년에 한 번씩 건강진단을 받는다. 또한 의약분업이 아주 오래 전부터 실시되고 있기 때문에 약을 사려면 의사의 처방전이 꼭 필요하다. 그래서 미국인들은 일상 생활에서 의사를 많이 찾는 편인데, 한 가족이 한 명의 의사를 정해 주로 진단을 받기 때문에 주치의를 family doctor라고 한다.

> **영재의 문화 탐방**
>
> 흑인 배우 중에 가장 유명한 배우를 꼽으라면 아마도 덴젤 워싱턴(Denzel Washington)일 것이다. 그런데 그의 이름을 잘 살펴보면 Washington이라는 성이 미국 초대 대통령과 똑같다는 것을 알 수 있다. 흑인들의 성(last name) 중에는 유달리 Washington, Lincoln, Grant 등의 미국의 대통령과 같은 성이 많다. 우리나라의 김, 이, 박씨처럼 원래 이런 성들이 흔한 것이 아니라 이들의 성에는 역사적 배경이 있다. 성이 없이 이름만으로 불리던 흑인 노예들이 남북전쟁 후 노예 제도가 폐지되면서 자신들의 이름에 대통령의 성 또는 전 주인의 성을 그대로 따서 사용하게 되었다. 요즈음은 아프리카의 전통을 계승하려는 측면에서 이름도 아프리카화해서 쓰는 경우가 많아졌다.
>
> 미국인의 이름(first name)은 기본적으로 성경(특히 신약성서)에서 유래한 것들이 많은데 우리가 존(John)이라고 알고 있는 것은 요한, 피터(Peter)는 베드로, 폴(Paul)은 바울, 메리(Mary)는 마리아 등이 그 대표적인 예이다. 또한 이름으로 그 사람의 출신을 알 수도 있는데, 예를 들어 Isaac(이삭), Solomon(솔로몬) 등 구약성서에서 딴 이름은 유대인 출신이 대부분이다.

A Wow, it's eight o'clock already.
와, 벌써 8시야.

B Really? Let's **call it a day**, then.
정말? 오늘 일은 여기서 **그만하자**.

A Hey, did you know that Thomas Johnson was going to retire?
토마스 존슨이 곧 은퇴할 거라는 걸 알고 있었어?

B Yeah. After playing for the same team for fifteen years, he decided to **call it a day**.
응. 15년 동안 같은 팀에서 선수생활을 한 후, **은퇴하기로** 했대.

| 어휘 |
| 표현 |
| 설명 |

- **call it a day :** call과 관련된 숙어 중에 call it a day가 대표적이다. 이 숙어는 주로 "Let's call it a day.(오늘 일은 여기서 끝내자)"라고 할 수도 있고, 또한 완전히 일을 그만두는 '은퇴하다' 라는 뜻이기도 하다.

CONVERSATION 6

A How was your barbecue last Saturday at the beach?
지난주 토요일 해변에서 있었던 야유회 어땠어?

B We had to call it off because of the weather.
날씨 때문에 **취소되었어**.

| 어휘 |
| 표현 |
| 설명 |

- **call off**는 '취소하다' 라는 숙어로 cancel과 같은 뜻이다.

- **barbecue**는 야외에서 고기나 소시지를 구워 먹는 것이라는 원래의 뜻에서 유래해 지금은 '야유회' 란 뜻으로도 쓰인다.

- 특히 '해변' 이라는 beach는 짧게 발음하면 여자를 나쁘게 말하는 욕설이 되므로 '비이이-취' 와 같이 어색할 정도로 앞을 길게 발음해야 한다.

07 Carry 뭐든지 옮겨요

She's carrying a baby.

응, 임신 중이야.

영어 단어 중에 아마 Carry라는 단어만큼 다양하게 실생활에 쓰이는 단어는 없을 것이다. 과연 얼마나 많은 용법이 있나 사전을 찾아보았더니 기본적인 뜻만 19가지였다. 그렇다고 19가지의 의미를 다 외우는 것은 무모한 짓이고 아주 기본적이면서 많이 사용되는 네 가지 뜻을 살펴보자.

먼저 carry는 → 1) '나르다, 운반하다'라는 뜻으로 많이 쓰이지만, 반드시 물건을 운반할 때만 쓰이는 것이 아니라 의무나 책임과 같이 → 2) (눈에 보이지 않는) 추상적인 것을 '(몸에) 지니거나, 운반하다'라고 할 때도 쓰이며 → 3) (품목을) '취급하다' → 4) (자력으로) '~을 이루다'라는 뜻도 있다.

CONVERSATION 1

Ⓐ Those grocery bags look heavy, Mrs. Jones. Let me help you **carry** them.

장 본 것이 무거워 보이시네요, 존스 부인. 제가 **들어드릴게요**.

Ⓑ Oh, thanks a million Tom. You're such a sweetheart!

아주 고맙네, 톰. 자네 좋은 사람이구먼.

|어휘|
|표현|
|설명|

- **grocery**라고 하면 사전에는 '식료품점'이라고 나와 있지만 앞 예문에서는 grocery bag, 즉 '시장 본 꾸러미/시장 본 물건/장바구니'와 같은 의미다. 흔히 할인 매장이나 백화점에서 시장을 보면 플라스틱백(우리가 비닐백이라 부르는 것의 원래 영어식 표현)에 쇼핑한 물건을 담듯이 이러한 백을 뜻한다. 또한 미국에서 grocery는 간단한 장거리와 과일을 파는 곳이다. 뉴욕 같은 대도시에는 전부터 한인들이 grocery 가게를 운영하고 있는데 교포들은 이런 가게를 야채 가게라고 부른다.

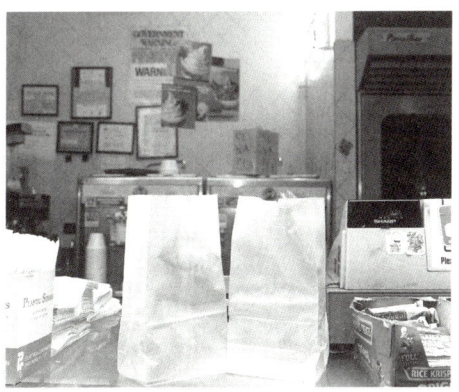

- '아주 고맙다'라는 표현으로 Thank you very much는 요즘 유치원생들도 사용하는 표현이다. 같은 의미로 Thanks a million도 백만 번이나 감사하다는 의미로 아주 고마운 감정을 표현할 때 사용한다.

- '여보'나 '자기'란 의미로 sweetheart란 단어가 있지만, 간혹 '아주 좋은 사람'이라는 뜻으로도 사용된다.

영재의 문화 탐방

carryout restaurant(혹은 takeout restaurant)는 우리나라의 도시락 전문점처럼 음식을 주문해서 배달시키거나 집으로 가지고 가서 먹는 음식점을 말한다. carryout restaurant는 중국 식당이 많다. 우리나라의 모든 동네에 중국 식당이 있듯이 미국에도 중국 식당이 없는 동네가 없다. 부담없이 간단하게 먹을 때 자장면을 시켜 먹듯이, 미국인들도 중국 음식을 배달시켜 먹는 것을 좋아한다. 미국에는 우리식의 자장면은 없지만, 미국인의 입맛에 맞게 개발된 중국 음식이 많다. 가끔 영화를 볼 때 냉장고에서 흰 종이로 된 통을 꺼내는 경우가 있는데 이는 먹다 남은 중국 음식이다. 특히 미혼이나 매우 바쁜 미국인들은 중국 음식을 즐겨 먹는다.

중국 음식이 인기 있는 이유는 한국처럼 간편하게 배달해 먹는 것과 가격이 다른 음식보다는 저렴하다는 것 때문이다. 이렇게 중국 음식이 인기가 있다 보니, 한국 이민자들이 별로 많지 않아 취업이나 가게의 종류가 한정되어 있는 지역에는 우리 교포들이 중국 요리를 배워 중국 음식점을 직접 운영하는 경우가 꽤 많다.

CONVERSATION 2

A **Is Sally expecting?**
샐리가 임신 중이야?

B **Yes, she's carrying a baby.**
응, **임신 중**이야.

> '임신하다' 는 의미로 많은 사람들이 pregnant란 단어를 생각하지만 일상생활에서는 이 단어 못지않게 expect나 carry라는 단어도 많이 사용한다. expect의 기본적인 의미인 '바라다' 라는 뜻이 발전해 '임신 중이다' 라는 뜻으로 활용되고 있으며, carry 역시 '(몸에) 지니다' 라는 뜻에서 '임신 중이다' 라는 뜻으로 확대해서 사용된다.

CONVERSATION 3

A **Peter, let's stop at that carry out restaurant.**
피터, **배달 식당**에 들렀다 가자.

B **Oh sure, I am dying for some Chinese.**
그래, 중국 음식이 너무 먹고 싶었어.

> 아주 간단한 문법이지만 stop at라고 한다면 '~에 멈추다' 라는 뜻으로 일상생활에서는 '~에 잠깐 들르다' 라는 뜻이 된다.

> **dying for/to...**는 '매우 갈망하다' 라는 뜻으로, want라는 의미를 강조할 때 사용한다.

CONVERSATION 4

A What are you going to **carry** in your new store?
새 가게에서는 무엇을 **취급할** 생각이니?

B I think I am going to specialize in baseball caps.
야구 모자만을 전문적으로 취급할 생각이야.

- '전문' 또는 '전문가'라는 단어를 생각하면 expert가 가장 먼저 떠오르는데, 실생활에서는 오히려 special의 파생어가 더 많이 사용된다. '전문화하다'는 의미로 specialize란 단어를 주로 사용하고, '전문인' 특히 '전문의(의사)'는 specialist란 단어를 사용한다.

CONVERSATION 5

A Did you hear? John was picked as MVP of his team.
너 들었니? 존이 팀에서 MVP로 뽑혔대.

B He deserves it. He **carried** his team to the championship.
상을 받을 만해. 그의 팀이 우승하도록 **(혼자 힘으로) 이끌었으니까**.

- **pick**이란 단어는 여기서는 동사로 '뽑다'라는 의미로 쓰이고 또 명사형으로 '선택'이란 뜻으로도 사용된다.

- **deserve**란 단어는 '~할 가치있는'이란 뜻으로, 일상생활에서는 deserve to(자격이 있는)라는 구문으로 많이 사용된다. 위 예문 같은 상황에서 "He deserves to be MVP."라고 말할 수 있다.

08 Catch
전부 다 잡아요

Did you catch the Jerry Springer Show last night?

어제 밤 제리 스프링얼 쇼 봤니?

Catch는 '잡다' 라는 기본적인 개념에서 발전해 우리 몸이 해로운 병균을 잡게 되면 →1) (감기 등에) '걸리다', 추상적인 개념을 잡게 되면 →2) '이해하다', 방송 주파수를 잡게 되면 →3) '시청/청취/관람하다' 라는 등의 다양한 뜻으로 사용한다. 그리고 대부분 catch는 동사형으로만 쓰인다고 생각하는데 '흠이 잡히다' 라는 의미에서 '단점' 이란 뜻의 명사형도 있음을 기억하자.

CONVERSATION 1

A Do I need to bring anything special for the camping trip?

캠핑 갈 때 뭐 특별한 것 가지고 가야 돼?

B Bring a heavy sweater, if you don't want to **catch** a cold.

감기에 **걸리지** 않으려면 두꺼운 스웨터 가져와라.

| 어휘 |
| 표현 |
| 설명 |

- **trip**은 위 대화에서처럼 '여행' 이란 의미도 있지만 문장에 따라 그 의미가 조금 다를 수 있다. 예를 들어 a field trip이라고 하면 '현장 견학' 이란 뜻이 된다.

- **heavy**는 '무거운' 이란 뜻이지만 옷과 관련되면 '두꺼운' 이란 뜻이며, 반대로 light는 '얇은' 이란 뜻으로 사용된다.

- **catch**는 감기처럼 가벼운 병에 걸리는 경우에만 사용된다.

CONVERSATION 2

A How did you like the speech?

연설에 대해 어떻게 생각했니?

B Well, to tell you the truth, I couldn't quite **catch** the point.

사실은 말이야, 연설의 의도가 무엇인지 **이해가** 안 **됐어**.

43

> 어휘
> 표현
> 설명

◉ **How did you like...?** 란 표현은 의견을 물어볼 때 많이 사용된다.

◉ **to tell you the truth** 는 사실을 말하기에는 조금은 창피하지만 그래도 말한다는 뉘앙스가 있다.

◉ **catch** 는 앞에 부정어와 함께 '~을 이해하지 못하다' 라는 부정적인 문장에서 주로 사용되며, 반대로 '응, 이제 알아들었어' 와 같은 긍정적인 개념의 문장에서는 "Now, I got you." 처럼 get 동사를 쓰는 경우가 많다.

CONVERSATION 3

Ⓐ Tom, did you catch the Jerry Springer Show last night?
톰, 어제 밤 제리 스프링얼 쇼 **봤니**?

Ⓑ You bet! Yesterday's show was wild.
물론이지. 어제 쇼는 정말 황당했어.

> 어휘
> 표현
> 설명

◉ **You bet!** 이란 '당연하지' 라는 숙어다. 우리말에 상대방이 본인이 한 말을 미심쩍게 여길 경우 '너 내기할래?' 라고 표현하듯이 미국에서도 "Do you want to bet?" 이란 표현을 사용한다. 즉 bet(내기)이란 단어는 상대에게 자기 생각을 확실히 할 때 자주 쓴다고 생각하면 된다.

◉ **wild** 는 '야생의' 라는 뜻 외에 정상적인 상태에서 벗어나 황당하지만 기이하거나 흥미를 유발하는 것을 표현하는 단어다.

영재의 문화 탐방

결혼한 지 10년 된 아내가 자기 남편을 버리고 새로 사귄 남자와 같이 살게 되었는데, 새로 사귄 남자가 다시 바람을 피워 버림받은 당사자들이 TV에 나와 서로 자기의 주장을 펼치는 토크쇼가 과연 가능할까? 한국에서는 어림도 없는 이런 TV 프로그램이 실제로 미국에 있다.

한마디로 앞에서 설명한 wild란 개념을 가장 잘 이용한 토크쇼로 유명한 '제리 스프링얼 쇼(Jerry Springer Show)'다. 이 쇼에서는 부적절하고 파괴적인 주제와, 의도적으로 출연자들간에 싸움을 유도한다는 의심을 받는 등 항상 말썽이 많지만 시청자들의 관심을 끌어, 지난 10년 동안 1위의 시청률을 유지해온 'Oprah Winfrey Show'를 제치고 1위를 차지하기도 했다.

이러한 저질스러움에 대항해 오히려 Oprah Winfrey는 몇 년 전 자신의 쇼(Oprah Winfrey Show)에서는 선정적이고 부적절한 주제는 더 이상 다루지 않겠다고 발표한 적도 있었다. 많은 언론으로부터 미국 대중 문화를 타락시키고 있다는 강한 비판을 사고 있는 이 쇼의 진행자 Jerry Springer는 흥미롭게도 변호사, 뉴스 앵커맨, 신시내티(Cincinnati) 시장을 역임한 사람으로 화려하고 저질적 TV 쇼와는 다소 거리가 먼 경력의 소유자다.

그러나 정작 본인은 인기 때문인지 아니면 언론과 표현의 자유를 중요시 여기기 때문인지 알 수는 없지만, 자신의 토크쇼에 대해 아주 자랑스럽게 생각하고 있다. 다소 상업적인 면이 있긴 하지만 자신의 근엄한(?) 경력을 유지하기 위해 애쓰지 않고 오히려 정반대의 직업을 택해 활동하는 모습은 한국과는 색다른 문화의 차이라고 보여진다. 대중들 또한 이러한 변화에 대해 그 사람을 변절자나 위선자라고 비판하지 않는다. 다만 대중들은 지금 진행하는 그의 토크쇼에 대해서만 비판할 뿐이다.

CONVERSATION 4

A **How's your new job?**
새로 구한 일자리 어때?

B **It's great, but the only catch is that I have to work on every other Saturday.**
좋아. 유일한 **단점**이라면 토요일에 격주로 일해야 한다는 거야.

| 어휘 |
| 표현 |
| 설명 |

⑩ 다 좋지만 유일하게 한 가지가 마음에 들지 않을 경우에 the only catch라는 표현을 쓴다.

45

09 Come

이리 와! 우리 숙어가 되자

It just came across my mind.

우연히 생각난 거야.

　Come은 영어를 배우기 시작하면서 가장 먼저 배우는 단어 중의 하나다. 누구나 다 알고 있는 기본동사이며 이 단어에서 발생하는 숙어는 아주 많다. 또한 같은 표현이지만 이어지는 전치사 때문에 뜻에서 차이가 나는 경우도 있으며, come과 관련된 숙어는 실생활에서 많이 사용된다.

*come across [우연히]

즉 의도적이지 않았다는 의미로 사용된다.

 **CONVERSATION 1**

A How did you get the idea of introducing Tom to Helen?
톰을 헬렌에게 소개시키겠다는 생각은 어떻게 해냈니?

B To tell you the truth, it just **came across** my mind.
너한테 사실대로 말하자면, **우연히** 생각난 거야.

- **introduce**는 '소개하다' 라는 의미다. 실생활에서는 대화 1처럼 사람을 소개할 때 쓰일 수 있고, '어떤 주제를 소개하다' 라는 의미로 새로운 것을 소개할 때 주로 사용할 수 있다.

*come across as [~같이 보이다, 느끼다]

 **CONVERSATION 2**

A Why is Tom acting like that?
톰이 왜 그렇게 행동하니?

B Well, I guess he is trying too hard to **come across as** an outgoing dude.
글쎄, 내 생각에는 톰이 외향적인 사람**처럼 보이려고** 무척 애쓰고 있는 것 같아.

| 어휘 |
| 표현 |
| 설명 |

◉ 성격이 활발한 사람을 뜻할 때 outgoing이란 단어를 사용한다.

◉ **dude**라는 단어를 사전에서 찾으면, '잘난 척하는 사람/도회지 사람' 이란 의미로 나와 있지만 그런 뜻으로 쓰이는 경우는 거의 없고, 우리말에서 친구를 부를 때 '어이/야야' 정도에 해당되는 말이다.

✱come down on [호통치다, 꾸짖다]
'~에 대해서 아래로 끌어내리는' 개념에서 '호통치다/꾸짖다' 의 의미다.

CONVERSATION 3

🅐 **I can't believe that the judge sentenced him to life in prison.**
그 판사가 무기 징역을 언도했다는 것을 믿을 수가 없어.

🅑 **Yeah, the judge really came down hard on him.**
응, 너무 심하게 **벌을 내린** 것 같아.

| 어휘 |
| 표현 |
| 설명 |

◉ **life in prison**이란 문자 그대로 '무기 징역' 을 뜻한다.

✱come down to [결국에는 ~으로 되다]
여기에서 전치사 to는 방향을 나타낸다. 따라서 어느 한쪽으로 결론이 나는 개념으로 '결국에는 ~으로 되다' 는 (특히 둘 중에) 하나를 선택할 때 사용한다.

SENTENCE

Ⓐ **What it comes down to is either you give up drinking or you give me a divorce.**
당신이 술을 끊든지 아니면 나와 이혼을 하든지 둘 중에 하나가 **되겠군요.**

- **either…or~**는 둘 중에 하나를 선택할 때 쓰인다. 둘 다 가리킬 때는 both, 둘 다 아닌 경우에는 neither를 사용한다.

- **give up**이 '포기하다/끊다' 라는 의미로 사용된다는 것은 익히 알고 있으리라.

> **영재의 문화 탐방**
>
> 우리나라에서는 알코올 중독자라고 하면 완전히 폐인이 된 경우라고 생각을 하지만, 미국에서는 소주 1병 정도를 주 3~5회 정도 규칙적으로 마시면 알코올 중독성이 있다고 여긴다. 아마도 미국의 기준으로 본다면 우리나라의 많은 남자 회사원들이 중독성(?)이 있는 것으로 판명될지도 모른다.
> 사회적으로 알코올 중독을 아주 심각하게 생각하기 때문에 미국에서는 금주를 도와주는 모임과 단체들이 많다. 그 중에 가장 유명한 곳이 Alcoholics Anonymous(AA : 익명의 알코올 중독자 모임)인데, 이곳에서는 1주일에 한 번씩 알코올 중독자들이 모여 술을 마시는 원인 등에 대해 토론하면서 서로 금주하도록 노력하는 단체다. 술을 마시고 싶은 유혹이 생기면 정해진 파트너에게 전화해서 자제할 수 있도록 격려를 받기도 한다. 또한 미국 사회에서는 알코올 중독이 개인의 무절제한 생활 습관이 아니라 선천적으로 타고난 유전적인 요소로, 완치될 수 없고 평생 살아가면서 꾸준히 노력해야 되는 것으로 인식되고 있다.

✱come down with [(잔병)에 걸리다]

CONVERSATION 4

Ⓐ **How about a movie tonight?**
오늘 밤 영화 보는 것 어때요?

Ⓑ **I'm afraid I can't. I came down with the flu last night.**
아쉽지만 안 될 것 같은데요. 어젯밤에 감기에 **걸렸거든요.**

▶ **afraid**란 단어는 많은 사람들이 '두려워하다/무서워하다' 라는 의미로 알고 있기 때문에 "I'm afraid I can't."를 '두려워서 못한다' 라고 해석하는 경우가 많다. 하지만 대화에서처럼 상대방에게 부정적으로 대답할 때 습관적인 표현으로 '아쉽다' 는 의미로 해석된다. 특히 토플 청취에서 I'm afraid란 표현을 자주 사용하는데 이 표현을 들으면 상대방의 제안을 거절한다고 생각하면 된다. afraid가 두렵다는 의미로 사용될 때는 I'm afraid of…, 즉 of란 전치사가 이어져야 한다는 것을 기억해두자.

✱**come over** [멀리서 다니러 오다, 잠깐 들르다]
'(멀리서 다니러) 오다' 라는 의미도 있지만, 실제 생활에서 가장 많이 쓰이는 의미는 '잠깐 들르다' 라는 의미다. '잠깐 들르다' 는 다음 대화에 쓰인 stop by 혹은 come over 둘 다 쓸 수 있다.

Ⓐ Why don't you stop by sometime next week?
다음주에 한번 들러.

Ⓑ I'll come over as soon as I'm done with the project.
그 프로젝트가 끝나는 대로 한번 **들르지**.

✱**come over** [~을 느끼다]
예문 B에서는 come over가 '~을 느끼다' 라는 의미로 쓰이고 있는데, 특히 시험 영어의 독해 지문에서 많이 나오므로 토플을 준비하시는 분들은 유념해서 봐둬야 한다.

B A feeling of nervousness **came over** me when Ellen approached me.
엘렌이 나에게 다가왔을 때, 긴장**하기 시작했다**.

*come around (round) [소생하다, 의견(생각)을 바꾸다]

'주변으로 다시 오다' 라는 개념에서 '소생하다' 는 의미로 사용된다.

A Oh my God! John just fainted.
세상에! 존이 기절했어.

B Don't worry. He'll **come around** soon.
걱정 마, 곧 **깨어날** 거야.

 faint는 '기절하다' 라는 뜻인데 같은 의미로 pass out이라고 표현할 수 있다.

A I can't believe how stubborn he is!
그가 얼마나 고집이 센지 상상도 안 돼.

B After Suzy has a talk with him, he'll **come around**.
수지가 그와 이야기하고 난 뒤, **생각이 바뀔** 거야.

```
어휘
표현
설명
```

- **stubborn**은 '고집이 센, 융통성이 없는' 의미로 사용된다.

- 대화 7에서는 come around란 숙어가 대화 6에서와는 완전히 다른 '의견을 바꾸다' 라는 의미로 사용되고 있다.

*come up [일어나다, ~을 언급하다/토론하다, 곧 다가오다]
논쟁에서 토론거리로 떠오른다는 개념에서 '~을 언급하다/토론하다' 로 해석된다.

ⓒ I can't go to the party because something came up.
뭔가가 **올라왔기** 때문에 나는 파티에 갈 수 없었다.

- '갑작스럽게 무슨 일이 일어났다' 할 때 something came up이란 표현을 사용한다.

ⓓ I'm sure that the subject is bound to come up at the meeting.
모임에서 그 주제가 틀림없이 **언급될** 거야.

- **bound to**는 '꼭 이루어질 것' 이란 뜻으로 실생활에서 많이 사용되는 표현이다.

ⓔ Wow! Christmas is coming up soon.
와! 크리스마스가 곧 **다가오는군**.

- **coming up soon**이란 생일이나 휴일 같은 것이 가까워지고 있다는 의미다.

> **영재의 문화 탐방**
>
> 우리나라에도 크리스마스에는 친한 사람들끼리 선물을 주고받는 것이 일종의 관례가 되었지만 미국에서는 친한 사람은 물론이고 주변에 조금이라도 아는 사람에게 선물을 한다. 그래서 이때는 우편 배달원, 환경 미화원, 아파트 관리인, 신문 배달원 등에게 아주 작은 선물이나 소액으로 감사의 마음을 전한다.

*come up with [고안해내다]

SENTENCE

F Jane came up with a great idea of how to spend the holidays.

제인은 크리스마스 연휴를 보낼 좋은 **생각을 해냈다**.

- **holiday**는 우리가 습관적으로 휴가라고만 해석을 하는데, 이는 문맥을 따져봐야 한다. 예를 들어 12월이면 크리스마스 연휴라고 하고, 12월 말일이라면 새해 연휴라고 하는 것처럼, 그 즈음의 '연휴'를 말한다고 보면 된다.

10 Consume 이것저것 전부 다 먹어요

John's wife was consumed by anger.

존의 아내는 화가 치밀었다.

　Consume은 → 1) '먹다' 라는 기본적인 의미에서 → 2) '(물건, 연료 등)을 소비하다' 라는 뜻으로 가장 흔하게 사용된다. 그래서 잘 알고 있듯이 consumer[consume(소비하다)+er(사람)]는 소비하는 사람, 즉 '소비자' 라는 뜻으로 사용된다. 하지만 이러한 기본적인 의미가 전치사 by 또는 with와 함께 쓰이면 '~에 의해 완전히 소비된' 개념, 즉 '~에 열중하다, ~에 매우 화가 나다' 의 의미라는 것도 기억하자.

CONVERSATION 1

A **I don't know what kind of car I should buy.**
어떤 차를 구입해야 될지 모르겠어.

B **I can tell you one thing ; avoid a car that consumes a large amount of gas.**
한 가지만 말할게. 연료를 많이 **소비하는** 차는 피하는 게 좋아.

- **I don't know how/what/where/when…**은 '어떻게/무엇을/어디에/언제 하는지 모르겠다'는 의미로, 상대방에게 간접적으로 조언을 구하는 표현이다.

- **I can tell you one thing, avoid…**는 '(다른 것은 모르겠지만) 이것만은 피하라'는 조언을 할 때 사용한다.

- 한국에서는 가스라고 하면 LPG나 도시가스를 생각할 것이다. 하지만 미국에서는 gasoline(휘발유)을 짧게 gas라고 말한다. 그래서 우리말의 '휘발유' 또는 '연료'로 이해하면 된다. 참고로 한국에서 말하는 가스는 propane(프로패인), 즉 한국에서 '프로판'이라 발음하는 단어다.

CONVERSATION 2

A **I don't know how to get rid of this nasty cold.**
어떻게 해야 이 심한 감기가 나을지 모르겠어.

B **You should consume a large dose of Vitamin C.**
비타민 C를 많이 **섭취하도록** 해봐.

> 어휘
> 표현
> 설명

▶ **get rid of**는 '버리다' 라는 의미다. 감기 따위를 '떨쳐버리다' 라는 개념에서 '회복하다' 는 의미로도 사용된다.

▶ **nasty**는 원래 '불쾌한, 싫은' 이란 의미와 '(날씨나 감기 따위가) 심하다' 와 같이 부정적인 의미도 있지만 '눈에 띈다' 는 식의 다소 긍정적인 의미로도 쓰인다.

▶ 양을 나타내는 단어로 amount가 있지만 '(약이나 몸에 섭취하는 등의) 양' 을 뜻할 때는 dose란 단어를 더 많이 사용한다.

CONVERSATION 3

🅐 **You know, American men are consumed with football because the NFL(National Football League) season began.**
그런데 말이야, 미국 남자들은 NFL 시즌이 시작되면 미식축구에 아주 **열중하는 것** 같아.

🅑 **Yeah, and then their wives become consumed by anger when they forgot her birthday or their anniversary but not Monday Night Football.**
응, 그리고 그 아내들은 남편이 월요일 미식축구 프로는 기억하면서도 자신의 생일이나 결혼 기념일을 잊어버린 것에 **화가 치밀게** 되지.

> 어휘
> 표현
> 설명

▶ 우리말에 '어, 뭐냐면 말이야' 는 식의 발어사가 있듯이 미국인들도 무의식적으로 말을 연결하면서 습관적으로 하는 말이 있는데, 바로 you know라는 표현이다.

▶ **consume**이 위의 예문에서처럼 '~과 함께 즐기는' 개념일 경우에는 전치사 with를, '~에 의해 소비되는' 개념일 경우에는 전치사 by를 쓴다. consume이란 단어는 A와 B에서처럼 용법이 다르다는 것을 기억하기 바란다.

◐ **anniversary**는 '기념일'이란 뜻이다. 하지만 실생활에서 가장 흔히 떠올리는 기념일이 결혼 기념일인 까닭에 anniversary라고 하면 거의 '결혼 기념일(wedding anniversary)'을 뜻한다.

> ### 영재의 문화 탐방
>
> 미식축구 시즌은 9월 초에 시작해서 다음해 1월 중순에 열리는 Super Bawl(미식 프로 축구 결승전)로 끝난다. 경기는 1주일에 한 번씩 일요일 오후에 치러진다. 앞 대화에서처럼 이 기간 동안에는 남편과 아내 사이가 안 좋아지는 경우가 많다. 한국에서도 AFKN을 통해 이 시즌 동안 미식축구를 열심히 보시는 분은 아마 이해가 되시겠지만, 필자도 처음 미국에 가서 미식축구의 열성팬이 되기 시작했을 때 왜 이렇게 재미있는 게임을 일 주일에 한 번밖에 안 하는지 너무 안타까웠다. 미식축구는 상대팀과 항상 몸을 부딪치면서 하는 거친 운동이다 보니 잦은 부상과 육체적 재충전을 위해 그럴 수밖에 없다.
>
> 필자가 느끼는 미식축구의 매력은 남성적인 에너지와 투지가 있고 다른 스포츠에 비해 게임에 적용되는 기술이 많이 발달되어 있으며, 또한 팀이 이기기 위해서는 개인적인 능력도 중요하지만 팀원간의 상호 협조가 잘 이루어져야 한다는 점인 것 같다. 아마추어 스포츠가 비교적 인기가 없는 미국이지만 미식축구와 농구는 대학 팀의 경기만 해도 그 지역에서는 꽤 인기를 끈다. 중부와 남부지방에서는 고등학교의 미식축구 시합이 있는 주에는 거의 온 동네의 대화 주제가 축구 시합이 될 만큼 많은 관심과 열정을 미식축구에 쏟는다. 이러한 열정이 미국 전역을 뒤덮을 때가 바로 NFL 리그가 있는 시즌이며, 외국인들이 보기에는 프로 미식축구가 미국 사람들의 삶의 일부분인 듯이 비쳐진다. 그래서 가족과 함께 해야 할 주말 시간대에 친구들과 모여서 couch potato(TV광)처럼 자기가 좋아하는 팀을 응원하기 때문에 많은 아내들이 불평을 한다. 그러다 보니 'football widow(미식축구 미망인)'란 말이 생기기까지 했다.
>
> 그리고 월요일 저녁마다 지난 시즌에서 우수한 성적을 거둔 팀들끼리 게임을 하게 되는데, 특히 자신이 좋아하는 팀이 게임을 하게 되는 월요일 밤이면, 좀 심한 미식축구광들은 몇 달 전부터 이 날을 고대한다. Super Bawl 결승전이 있는 날에는 미 전역이 festival(축제)의 분위기에 휩싸이고, 이날은 피자 배달과 맥주 소비량이 일년 중 가장 많아 가게 주인들을 즐겁게 해준다.

11 Cut
뭐 줄일 것 없어요?

Everything has been cut by 50%.

전부 50퍼센트 할인한대.

Cut은 '~을 자르다' 가 기본적인 개념이다. 물리적인 것을 자르는 경우도 있지만 → 1) (가격)을 깎거나, 다른 사람이 말하는 것을 자르는 행동, 즉 → 2) (대화)에 '끼어들다' 등에도 쓰일 수 있으며, "Peter, cut it out!(피터, 장난 그만 해)"와 같이 계속되는 행동을 막는 경우 → 3) (행위나 동작을) '그만두게 하다' 로도 쓰인다. 게다가 정기적으로 계속되는 수업을 중간에 자른다는 개념에서 → 4) '수업에 빠지다' 라고 할 때도 사용된다.

사전적 용법으로는 자동사와 타동사 용법을 모두 포함하면 30가지가 넘는다. 많은 사람들이 cut을 동사형으로만 생각하는데 형용사와 명사형으로도 많이 쓰인다. 형용사의 대표적인 의미는 '줄어든, 잘라낸' 등의 의미로, 명사형으로는 '잘라낸 조각' 이나 '벤 상처' 와 같은 의미로 쓰인다. cut과 관련된 숙어 역시 20가지가 넘는데 이것을 다 외우기보다는 기본적인 cut의 의미를 생각하면 대부분의 상황이 이해될 것이다.

CONVERSATION 1

Ⓐ Robert, I heard that Joe's Electronics is having a going out of business sale.
로버트, 조의 전자 대리점에서 매장 정리 세일을 한대.

58

B **Yeah, everything has been cut by 50%.**
응, 전부 50퍼센트 **할인한다**더군.

|어휘|
|표현|
|설명|

◉ **I heard that...** 이란 표현은 '~을 들었다' 라는 의미인데 일반적인 상황에서는 새로운 내용이나 소식을 들었을 때 주로 사용한다. 또는 "너 소식 들었니?"라는 의미로 "Did you hear the news (또는 that)?"란 표현도 많이 쓴다.

◉ **electronic**은 형용사형으로 '전자의' 라는 의미다. 복수형 대문자로 Electronics는 '전자 제품을 파는 가게' 라는 의미다. 한국에서는 주인 이름이나 성을 따서 상호를 짓는 경우가 있는데 미국에서도 위의 대화에서처럼 자신의 이름(Joe)을 따서 상호로 짓는다.

▶ 영재의 문화 탐방

얼마 전 전자제품을 싸게 판다는 용산상가에 녹음기를 구입하러 갔다. 제법 싸게 주고 샀다고 생각했는데 다른 가게를 돌아보니 바가지를 썼다는 것을 알게 되었다. 같은 물건이지만 가격이 표준화되어 있지 않아 사람이나 상황을 보고 가격을 높여 부르기 때문이었다. 처음 구입한 곳으로 가서 환불을 요청했지만 일단 구입한 물건에 대해 환불해주는 경우는 거의 없다고 했다. 그래서 잠시 그 상인과 말다툼을 벌이다가 결국 내가 원하는 대로 환불받고 나왔다. 물론 그러기 위해서는 몇 시간의 실랑이와 경찰서까지 가는 불미스러운 일을 겪어야만 했다.
하지만 이러한 경험은 용산뿐만이 아니다. 오히려 뉴욕 같은 경우에는 일부 몰지각한 한국 상인보다 너 고단수의(?) 수법으로 상행위를 하는 경우가 많다. 그 중

'Going out of business sale'이란 것이 있다. 이는 망해서 폐업할 때 벌이는 할인 세일을 말하는데, 광고문이나 길거리 등지에서 자주 볼 수 있다. 물론 망해서 가게에 있는 모든 물건을 헐값에 파는 경우도 있지만 단지 상술로 이용하는 경우도 있다. 망했으니 그래도 싸게 물건을 팔겠지라고 생각하는 사람의 심리를 이용하는데, 뉴욕처럼 관광객들이 많은 곳에서는 매장 정리 세일을 일년 내내 볼 수 있다. 이러한 품목으로 전자제품이 많은데, 싼 가격으로 고객을 유혹해서 다른 물건으로 비싸게 바가지를 씌우는 경우(특히 관광객을 대상으로)가 많다. 그래서 대부분의 뉴요커들은 다소 가격이 비싸더라도 개인 매장보다는 체인점을 이용해 환불(refund), 제품 교환(exchange), 품질 보장(warranty)을 확실히 받을 수 있는 쪽을 택한다.

CONVERSATION 2

Ⓐ I find that Bruce is annoying.
브루스는 짜증난다고 생각해.

Ⓑ Me too, he cuts in on almost every conversation.
나도. 그 친구는 거의 모든 대화에 다 **끼어들려고** 하잖아.

어휘
표현
설명

▶ **find**는 '발견하다'라는 의미다. 눈에 직접 보이는 것을 발견할 경우에도 쓰이지만 사람의 습성이나 연구 발견 같은 추상적인 발견에도 쓰인다.

▶ **annoy**는 '~를 짜증나게 하다'라는 의미인데 개인 영역(private space)을 중요하게 생각하는 미국인들은 누군가가 자기 일에 참견할 때 특히 이 표현을 많이 사용한다.

▶ **cut in**은 대화 중간에 '끼어든다'는 의미다. 전치사 in과 on이 연달아 나와 다소 어색하지만 cut in이 하나의 숙어로 동사구를 형성한다고 생각하면 된다.

CONVERSATION 3

A I didn't see James in the lecture today.
오늘 수업시간에 제임스를 못 봤는데.

B Yeah, he said that he is cutting the class to go to a concert.
응, 오늘 수업에 **빠지고** 콘서트에 간다더라.

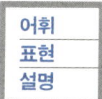

- **lecture**는 '강의' 라는 뜻이다. 대학교에서는 '수업' 이란 뜻으로 lecture나 class를 사용한다.

CONVERSATION 4

A What happened to your face?
너 얼굴이 왜 그래?

B I banged my head against the front door and got a slight cut.
정문에 머리를 찧어서 조금 **찢어졌어**.

- 위 대화에서 한 사람은 face, 얼굴을 말하고 다른 사람은 head, 즉 머리를 말한다. 이는 일반적으로 이마(forehead) 같은 부위를 말할 때 사람마다 표현하는 방식이 다르기 때문이다.

CONVERSATION 5

A How's Isaac doing at law school?
이삭은 법대에서 어떻게 지내?

B He is not doing well. I don't think he is cut out to be a lawyer.
적응을 잘 못하고 있어. 변호사는 **적성에 안 맞는** 것 같아.

◉ **cut out to/for**는 숙어로 '~이 적성에 맞다' 라는 뜻이지만 주로 not~ cut out to/for처럼 부정적인 개념에 더 많이 쓰인다.

> ### 영재의 문화 탐방
>
> 미국의 법대(law school)나 의대(medical school)는 정규 4년제 대학을 마친 후에 진학한다. 법대의 경우에는 3년, 의대의 경우는 4년을 더 공부해야 하는데 미국의 법대나 의대는 우리나라의 대학원 과정이라고 보면 된다. 우리나라에서도 이런 대학들의 인기가 높지만 미국에서도 법대나 의대를 가는 것이 하늘의 별 따기만큼 어렵다. 특히 의대는 입학 절차가 까다롭기로 아주 유명하다. 또한 미국에서 의사는 인간의 생명을 다루는 직업이란 점에서 일반인들에게 존경받는 직업이다. 하지만 변호사란 직업은 불필요한 소송을 부추겨 이익을 취하는 직업이라는 인식 때문에 한국에서처럼 대단한 전문적인 직업이라고 존경받지는 못한다.

휴식 코너 1

우리가 영어 회화뿐 아니라 영어 공부를 하면서 황당한 상황에 직면하게 되는 이유 중의 하나는 영어 단어의 단면적인 부분만 알고 있기 때문에 생긴다. 영어를 한 가지 뜻으로만 외우면 얼마나 황당한 결과를 갖고 오는지 20년 전 필자의 이민 초기의 경험과 친구의 유학 시절에 겪은 실화를 소개하기로 한다.

미국 도착 후, 귀머거리와 벙어리로 거의 1년 반을 지내고 어렴풋이 영어가 귀에 들리던 때였다. 어느 날 모든 학생들이 학교 양호실로 가 머리카락 검사를 받게 되었다. 검사 후 간호사가 필자에게 뭔가를 설명하는데 들리는 단어로는 drugstore(약국)와 lice(이)였다. 그때 필자가 알고 있던 drug이란 오직 마약(그 당시 필자는 술도 마약의 일종이라고 생각했다)이란 단어밖에 없었기 때문에 왜 간호사가 마약을 파는 가게에 가라는지 이유를 몰랐지만, lice가 나쁜 것이기 때문에 아주 강한 뭔가가 필요하므로 마약을 파는 가게, 즉 술을 파는 가게(liquor store)에 가라는 것으로 받아들였다.

그래서 필자는 방과 후 반나절 동안 온 동네 술집을 헤집고 다니며 "I want a drug for lice."를 외쳤지만 가게 주인들은 아주 요상한 표정만 지을 뿐 drug이 필요한 내 심정은 조금도 이해해 주질 않았다. 결국 집으로 돌아가 그 당시 미국에서 유학을 하던 둘째 매형에게 그 쪽지를 보여주고서야 필자에게 필요한 것은 술집에서 파는 마약이 아니라 약국에서 파는 이잡는 약이라는 것을 알게 되었다.(사실 필자의 머리에 이가 있었던 것은 아니고 간호사가 잘못 본 것이었다.)

또 하나의 예로 필자의 친구가 처음 미국에 와서 겪은 일이다. 친구는 한국에서 고등학교까지 마치고 필자가 다니던 대학에 유학을 와서 business management라는 수업을 듣고 있었다. 그 교수님은 첨단적인 방법을 지향하신 분이셨기 때문에 assignment(과제)를 e-mail로 보내는 분이셨다. 1990년대 초반인 그 당시에는 한국뿐 아니라 미국에서조차 e-mail이란 단어가 생소했다. 아무튼 수업 중에 교수님께서 e-mail로 과제를 보내겠다는 말을 알아듣기는 했는데 순진무구했던 친구는 e자는 못 듣고 mail이란 단어만 듣고서 왜 assignment를 mail(우편)으로 보낼까 의구심이 들긴 했지만 유학 초기라 물어볼 용기도 없었다. 그뒤 친구는 날이면 날마다 우편함을 열어보기를 6주일이나 했지만, assignment는 오지 않았다. 이상하게 여긴 친구는 드디어 조교를 찾아가게 되었고 그때서야 e-mail이 무엇인지 알게 되었다.

이와 같이 아무리 쉬운 영어 단어라 하더라도 그 문화와 함께 파생되는 다양한 의미를 파악하지 않고서는 바보가 될 수밖에 없다는 일례를 보여주는 것이다. 그래서 필자는 깊이 있는 영어 단어에 대한 이해가 얼마나 중요한지 실제 생활을 하면서 겪고 느꼈기 때문에, 누구나 알고 있는 단어지만 다양한 뜻으로 파생 응용되는 쉬운 단어 50개를 골라 그 용법을 설명하고 연재하게 되었다.

12 Debate

얘기 좀 하자!

I am still debating.

아직도 고려하고 있는 중이야.

Debate란 단어를 이해하기 위해서는 먼저 discuss(토론하다)와 dispute(논쟁하다)의 차이를 이해해야 한다. discuss는 '어떤 주제에 대해 상대방과의 의견 차이를 줄여 맞춰나가기 위한 과정으로서의 토론'을 말하며, dispute는 'discuss로 시작한 토론이 지나치게 격렬해져 자신의 의견만을 강하게 주장하는 상대방과의 논쟁'을 말한다. 이런 →1) 토론과 논쟁의 두 가지 면을 다 내포하는 것이 debate이며 주로 under debate의 형식을 취한다. 그 외에 일상생활에서는 →2) '고려하다'의 뜻으로 무언가를 선택하기 전에 생각하는 과정을 뜻하기도 한다.

Ⓐ Mike, what happened to the bill on Social Security?
마이크, 국민연금 법안이 어떻게 되었어?

Ⓑ After a lengthy debate(=discussion), Congress finally passed the bill.
긴 **토론** 후에, 마침내 국회가 법안을 통과시켰대.

> 어휘
> 표현
> 설명

◉ **bill**은 실생활에서 많은 의미로 사용되는 단어다. 미국에서는 식당에서 음식값의 10~15퍼센트 정도를 팁(tip)으로 주기 때문에 식사한 후 항상 계산서를 요구하는데 이때 "Can I have the bill, please?"라고 하면 된다. bill은 '계산서'란 뜻이다. 또 전기세나 전화세 '청구서'를 가리킬 때도 사용하는데 전기 요금 청구서는 electric bill, 전화 요금 고지서는 phone bill이라고 한다. '지폐'를 가리킬 때도 bill이란 단어를 사용한다. 그래서 '잔돈 있어?'는 "Do you have change for a dollar bill?"이라고 표현한다. 하지만 위 대화에서는 '법안'이란 뜻으로 사용되고 있다.

◉ **length**는 '길이'라는 뜻인데 y를 붙이면 '오랜, 긴'이란 시간적인 의미로 전환된다.

◉ 위의 대화에서 debate는 '토론'의 의미라고 생각할 수 있는데, 그것은 앞에 있는 형용사 lengthy란 단어에 그다지 부정적인 의미가 내포되어 있지 않기 때문이다.

◉ **pass**란 단어도 실생활에서 빈번하게 쓰인다. 동사형으로 쓰일 때는 주로 '통과하다'라는 의미로 '(시험, 법안, 길 등을) 통과하다' 또는 '(순서 등을) 넘어가다'라고 할 때 사용한다. 명사형일 때는 통과할 수 있게 해준다는 개념에서 '허가증'으로도 사용된다.

▶ 영재의 문화 탐방

소셜 시큐러티(Social Security)는 미국 사회보장 제도 중의 하나인 국민연금 제도를 말한다. 65세 이상의 미국 국민으로서 일정 자격을 갖추면 누구나 연금을 지급받을 수 있다. 연금은 대공황 이전에는 주(州)정부나 개인 기부금으로 노약자와 빈곤층을 대상으로 한 구제활동의 하나였다. 그리고 노인이라도 보조를 받을 만큼 궁핍하지 않으면 정부에서 연금을 지급하지는 않았다. 그래서 노후 대책으로 따로 저축을 해놓지 않은 경우에는 자식들에게 의존하는 경우가 많았다. 하지만 대공황을 겪으면서, 그리고 공황 이후에 극한 경기침체로 어려움을 겪게 되자, 주정부나 개인적 차원에서의 구호활동만으로는 부족해져 전국적인 조치가 필요함을 깨닫게 되었다.

그리하여 1935년, 국민연금 제도가 법제화되어 연방정부가 국민연금 세금(social security tax)을 운영하게 되었다. 이 세금은 가장 필수적이라 모든 수입에 부과된다. 심지어 고등학생이 KFC 같은 체인점에서 아르바이트를 해서 받는 임금에도 다른 세금은 면세가 되지만, 국민연금을 위한 세금만큼은 꼭 부과된다. 한마디로 17~18세 된 학생이 자신이 65세 넘어서 받을 연금을 미리 낸다는 이야기다. 하지만 요즘에는 미국도 한국처럼 연금 재정이 좋지 않아 혜택을 줄여야 한다는 주장이 나오면서 선거 때마다 민감한 이슈가 되고 있다. 또한 우리나라의 주민등록증 번호에 해당되는 Social Security Number라는 것이 있는데 이는 재원 확보를 위한 세금 징수와 수혜자에 대한 정보 관리의 일환으로 생겨났으며, 오늘날 S.S.N. 번호에 개인의 신용 및 기타 모든 정보가 수록되어 있어 신분과 신용 조사 때 아주 필수적으로 사용되고 있다.

 **SENTENCE**

Ⓐ The question of whether to teach evolution is still hotly debated(=disputed) by Fundamentalists and scientists.
학교 수업에서 진화론을 가르쳐야 할지 말아야 할지에 대해 보수 기독교인과 과학자들 간에 **논쟁**이 뜨겁다.

- 여기서 **debate**가 '논쟁'으로 해석되는 것은 hotly(hot : 뜨거운+-ly : ~하게)란 단어 때문이다. 토론이 일정 수위를 넘어 뜨겁게 과열되었다는 뉘앙스를 풍기기 때문에 이 문장에서는 debate를 논쟁이라고 해석한다.

- **The question of whether to...**란 표현은 독해에서 자주 나오는데 '~을 과연 해야 될지 말아야 될지'라는 의미다. 여기서 question이란 단어는 질문이라는 뜻보다는 '건의 사항' 정도로 해석한다.

- **Fundamentalist**는 fundamental(기초/기본)+-ist(주의자), 즉 '기본주의자'로 해석되는데, 성경에 나오는 내용을 그대로 해석하고 실행하자는 주장을 펼치는 사람들을 가리킨다. 이러한 기본 방침은 사회적으로 아주 보수적인 안목을 지니는데, 그래서 이들은 반(反)낙태 시위 등을 주도하는 등, 미국 남부 지역을 중심으로 한 강한 보수적 성향의 기독교인이라고 해석할 수 있다.

 **CONVERSATION 2**

Ⓐ Have you decided where you're going to go for your vacation?
휴가동안 어디로 갈지 정했니?

Ⓑ No, I am still debating.
아니, 아직도 **고려하고** 있는 중이야.

| 어휘 |
| 표현 |
| 설명 |

◉ 위 대화처럼 '~을 결정했니?(Have you decided…?)' 란 질문에 debate가 나왔을 때는 당연히 '고려하다/고심 중이다' 라고 해석한다. 이렇게 '고려하다' 라는 의미로 쓰이는 debate 대신 ponder 또는 consider를 사용해도 된다.

◉ **vacation**은 '휴가' 라는 의미로 많이 사용하는데 학교와 관련해서는 '방학' 이란 의미도 있음을 기억하자.

13 Deposit 두고 가세요

I deposited the check in the bank.

봉급을 은행에 입금했어.

  Deposit은 항상 일정 장소에 머물러 있다는 개념에서 → 1) '~에 두다', 은행에 머무르게 하면 동사로는 → 2) '입금하다', 명사로는 '입금', 집이나 건물에 대해 일정 금액을 머무르게 하면 → 3) '예치금(보증금)', 어떤 계약을 유지하기 위해 돈을 일정기간 머무르게 하면 → 4) '계약금' 이란 뜻으로 실생활에서 많이 쓰인다. 토플 독해 같은 문장에서는 coal deposits(탄층), oil deposits(석유 매장량), the river deposits(강의 퇴적물)처럼 땅속에 일정기간 머물러 있는 물질 → 5) '매장물' 이란 의미로 지문에 아주 많이 나오는 단어다.

CONVERSATION 1

A Bob, did you get paid?
밥, 봉급 받았니?

B Sure, and I **deposited** the check in the bank.
그럼, 은행에 **입금했어**.

A How come?
왜?

B I was afraid that I'd blow it in one night.
하루 만에 전부 다 써버릴까 봐 걱정이 되어서.

어휘
표현
설명

- 여기서의 deposit은 '입금하다' 라는 뜻인데, 대화에서 대부분 bank(은행)라는 단어가 나오면 '입금(하다)' 으로 해석한다.

- **pay**는 '지불하다' 는 의미로 많은 사람들이 알고 있지만, 일상생활에서는 get 동사가 연결되어 get paid, 즉 '봉급을 받다' 는 의미로 쓰인다. 그리고 경우에 따라서는 명사형으로 '봉급' 올 뜻할 수도 있다.

- **check**는 여러 가지 의미가 있는데 여기서는 수표, 즉 '봉급' 으로 해석된다. 그 이유는 미국에서는 봉급을 주로 수표로 받기 때문이다. 더 정확하게 표현하려면 pay check이라고 한다. 미국에서의 봉급 단위는 매주 받는 주급(weekly pay)과 한 달에 두 번 받는 biweekly pay가 가장 일반적이다.

CONVERSATION 2

A This is a nice looking apartment.
이 아파트 멋진데.

B **Oh, thanks. I was lucky to get it.**
응, 고마워. 얻는 데 운이 좋았거든.

A **I bet it costs you a lot.**
아주 비싸겠는데?

B **Not really, all that was required was the first month's rent and one month deposit.**
꼭 그렇지도 않아. 첫달 임대료와 한 달치 **보증금**만 있으면 되거든.

어휘
표현
설명

- 위의 대화에서처럼 deposit이 특히 부동산 임대와 관련되어 쓰이면 '보증금' 또는 '예치금' 이란 뜻이다.

- **nice looking**은 물건뿐 아니라 사람에게도 쓰이는데, 예를 들면 외관상 좋아 보이는 경우에 사용한다.

- **bet**은 명사형과 동사형이 있는데 기본적인 뜻은 '내기(하다)' 이다. 하지만 일상생활에서는 '확실하다', 즉 sure란 의미로 많이 쓰인다.

- **cost**는 '비용' 이란 명사형으로 사용될 수가 있고, '~이 들다(소모되다)' 라는 동사형으로도 사용된다.

영재의 문화 탐방

전세라는 개념은 아마 한국에만 있는 부동산 임대 체제일 것이다. 미국에서는 자기 집을 소유하고 있지 않는 사람들은 주택이나 아파트 임대를 하는데 전부 월세로 한다. 그래서 보통 25평 정도의 아파트 월세로 100만원 가까이 내지만 그리 아깝다고 생각하지 않는다. 월세는 보증금(한 달치 임대료)에 매달 임대료를 지불하는 것이 일반적인데, 신용도가 좋지 않은 세입자에게는 보증금을 두 달치나 석 달치 임대료를 요구하거나 보증인(cosigner)을 요구하기도 한다. 즉 신용의 나라인 미국에서는 아파트를 임대할 때도 신용이 좋아야 쉽게 할 수 있다. 특히 뉴욕처럼 아파트 수요가 많은 도시에서는 세입자의 신용도가 아파트를 얻는 데 크게 영향을 미치기 때문에 이민간 지 얼마 안 되는 이민자나 유학생들은 아파트를 얻는 데 많은 어려움을 겪는다.

설사 열심히 돈을 모아 집을 장만하더라도 집과 관련되어 매달 나가는 지출이 없는 것은 아니다. 물론 지역마다 집값의 차이가 나지만 웬만큼 괜찮은 집은 적어도 20~

30만 달러(3억 원 정도)가 있어야 살 수 있다. 일시불로 지불하기에는 상당히 큰 금액이다. 더군다나 집을 사기 전에 월세로 많은 돈이 나가기 때문에 젊어서 그만한 목돈을 모으는 것이 불가능하다. 그래서인지 미국에서는 처음 집을 살 때 집값의 10~25퍼센트만 미리 내고(down payment) 나머지는 15년에서 길게는 30년 가량 장기 융자를 받아서 매달 그 돈을 갚아나간다. 융자금 상환이긴 하지만 집을 유지하기 위해서는 정규적으로 돈이 나간다는 것이다. 그리고 설령 융자없이 집을 살 만큼 현금을 가지고 있다 하더라도 대부분의 미국인들은 융자를 택한다. 그 이유는 세금이 높은 미국에서는 융자금에 지불하는 이자가 면세가 되기 때문에 집을 융자해서 사면 세금을 어느 정도 절약할 수 있기 때문이다.

CONVERSATION 3

Ⓐ I heard you're getting a new car.
차를 새로 산다면서.

Ⓑ Not yet, but I just left a $200 deposit for a car.
아직은 아니고, 그냥 **계약금**으로 200달러 지불했어.

```
어휘
표현
설명
```

- 고액의 물건을 구입하는 상황에서 deposit이 나오면 '계약금' 으로 해석하면 된다. 앞에서 설명했듯이 deposit이란 '무언가를 두고 간다' 라는 의미로, 위의 대화에서도 직접적으로 '두고 간다' 는 뜻의 left를 써서 '지불하다' 는 의미로 사용되고 있다.

- **get** 동사는 기본적으로 '구하다/얻다' 라는 의미지만 실생활에서는 '구입하다', 즉 buy와 같은 뜻으로 많이 쓰인다.

- **Not yet, but....**은 '아직은 아니지만, 앞으로 ~할 것이다' 라는 의미로 많이 사용하기 때문에 꼭 기억해두는 것이 좋다.

14 Digest

있는 족족 흡수해요

I hardly had enough time to digest them.

이해할 시간이 거의 없었어.

　　Digest가 아주 기본적인 의미로 동사로는 → 1) '(음식)을 소화하다', 정보 따위를 소화한다는 개념에서 → 2) '이해하다', 명사로는 → 3) 기사가 요약된 '잡지' 라는 뜻인데, 한국에도 잘 알려진 미국 잡지 〈Readers' Digest〉가 대표적이다. 또 다른 명사형 Digestion은 '(음식물의) 소화' 라는 의미로만 사용되며, Indigestion으로 쓰면 '소화 불량' 이란 뜻이 된다. 항상 강조하지만 다양하게 쓰이는 이러한 단어들은 무작정 뜻을 외울 것이 아니라 문맥상 다른 단어들의 쓰임새와 함께 어떤 식으로 사용되는지 살펴보아야 한다.

CONVERSATION 1

A I believe that it's time for us to leave.
떠날 시간이 된 것 같다.

B Hold your horses! Let me have a minute to **digest**.
기다려! **소화시킬** 시간 좀 줘.

|어휘|
|표현|
|설명|

- 대화 내용상 먹은 음식을 소화시킨다는 실마리는 없지만 digest의 가장 대표적인 뜻이 '소화시키다'이기 때문에 해석을 그렇게 할 수 있고, 위의 너무 서둘지 말라는 표현에 digest의 '이해한다'는 뜻과는 관계가 없다고 생각할 수 있다.

- **Hold your horses!**는 글자 그대로 '말고삐를 잠시만 잡고 있어' 라는 뜻이므로 '조금만 기다려' 또는 '너무 서두르지 마라' 는 의미로 상대가 너무 급하게 굴 때 쓰는 표현이다.

- **Let someone have a minute to...**는 '~을 위해 시간을 달라' 는 의미로, 여기서 minute은 꼭 1분이란 뜻이 아니고, '잠시' 라는 의미로 사용된다.

CONVERSATION 2

A What did you think about Professor Smith's lecture?
스미스 교수님 수업이 어떻니?

B I think his class has too much information. I hardly had enough time to **digest** all the materials.
수업에 너무 많은 정보가 들어 있어. 모든 자료들을 **이해하기에는** 시간이 부족해.

|어휘|
|표현|
|설명|

- 대화 내용상 수업에 대해 말하고 있으므로 digest는 당연히 '이해하다' 는 의미다.

- **class**는 수업이란 뜻으로 가장 많이 쓰이지만 대학교 수업은 'lecture(강의)' 라는 단어로도 쓴다. 또한 lecture는 '훈계하다' 라는 뜻도 있다. "The professor gave a long lecture about not wasting time." (교수님이 시간을 낭비하지 말라는 긴 훈계를 하셨다)

- **too much**란 '너무 많다' 는 의미로 항상 부정적인 상황에서 사용된다는 것을 기억하자.

◉ **hardly have enough time to...**란 시간이 없어서 '~을 못 했다' 는 뜻으로 기억해두면 유용하게 사용할 수 있다.

 **CONVERSATION 3**

🅐 **Did you get a chance to look at the new ⟨Psychology Digest⟩?**
새로 나온 ⟨*Psychology Digest*⟩란 잡지 읽어본 적 있어?

🅑 **Yeah, I think the articles are very concise and informative.**
응, 기사내용이 아주 요약이 잘 되어 있고 정보도 풍부하더군.

어휘
표현
설명

◉ **digest**가 '잡지' 라는 의미로 쓰일 때는 항상 고유명사의 형태로 나온다.

◉ '~을 했니/해본 적 있어?' 라고 상대방의 기분이 상하지 않도록 물을 때 바로 'Did you get a chance to…' 라고 하니 기억해두었다가 꼭 한 번 사용해보기 바란다. 직역하면 get a chance to는 '~할 기회가 있었느냐' 라는 의미다.

◉ **look at**은 '(눈으로) 보다' 라는 뜻도 있지만, '~을 검토하다, 훑어보다' 라는 뜻으로도 응용된다.

 **CONVERSATION 4**

🅐 **How was your Thanksgiving dinner?**
추수 감사절 식사 어땠니?

🅑 **As usual, I had indigestion.**
늘 그렇듯이, **소화가 안 될** 정도로 많이 먹었어.

| 어휘 |
| 표현 |
| 설명 |

◉ 소화가 안 되는 이유는 많겠지만 특히 과식을 해서 소화가 안 될 때는 indigestion 이란 단어를 주로 사용한다.

◉ **How was...?** 란 질문 유형은 상대의 '~에 대한 의견' 을 물어볼 때 사용된다.

◉ **As usual** 은 항상 그랬다는 의미로, 즉 '특별한 것이 없다' 는 의미다.

영재의 문화 탐방

우리나라의 추석에 해당하는 추수감사절(Thanksgiving)은 매년 10월 마지막 주 목요일이다. 이민자 초기에 미국 대륙에서의 정착을 도왔던 인디언들에게 감사의 뜻을 전하기 위해 음식을 먹고 즐겼던 것에서 유래되어, 지금은 평소에 흩어져 지내던 가족들이 한데 모여 Turkey(칠면조), Pumpkin pie(호박파이), Yam(옘 : 속이 빨간 고구마의 일종)을 먹으며 단란한 한때를 보내는 명절이 되었다. 나라가 넓어서 그런지 흩어져 있는 가족이 한자리에 모이는 것이 미국에서는 아주 힘든 일이다. 그래서 추수감사절만큼은 되도록 가족과 같이 지내려는 사람들이 많다.

어떻게 생각하면 시기상으로, 그리고 가족들이 모인다는 의미에서 한국의 추석과 비교될 수 있다. 만약 미국인에게 한국의 추석에 대해 설명할 기회가 있다면 추수감사절과 비유해서 설명하면 추석의 의미를 비교적 간단하게 이해시킬 수 있다. 또한 미국에서는 추수감사절 다음날인 금요일부터 After Thanksgiving Sale(추수감사절 이후 세일)이 모든 백화점에서 시작되는데 할인 폭이 무척 커 일년 중 이날에 사람들이 가장 많이 백화점이나 몰(Mall)에서 쇼핑을 한다. 이때부터 정식으로 크리스마스 시즌이 시작되며 연말 분위기가 조성된다고 할 수 있다. 즉 6주에 걸친 기간 동안 거리에서는 캐럴이 울려퍼지고, 선물을 준비하는 등 연말 분위기로 들떠 그 다음 새해(New Year)까지 이어지게 된다.

15 Discharge 나가요!

I was just discharged from the Marines last week.

지난주에 해병대에서 제대했어.

Discharge는 '~로부터 나가다' 라는 원래 개념에서 응용되어 일상생활에서는 병원에서 나간다는 의미로 → 1) '퇴원하다', 직장에서 나가게 된다는 의미에서 → 2) '해고하다', 군대에서 복무를 끝내고 나가게 된다는 의미에서 → 3) '제대하다', 감옥에서 나간다는 의미에서 → 4) '석방하다' 의 뜻으로 사용되는데, 우리말에는 상황과 나가는 장소에 따라 각 단어가 따로 있지만 영어에선 공통적으로 discharge란 단어를 사용한다. 또한 독해 지문 같은 경우에 discharge란 단어가 나오면 빛, 기체, 액체 따위가 나간다는 의미에서 → 5) '방출(하다)/뿜어내다' 라는 의미로도 사용된다.

CONVERSATION 1

A Is John still in the hospital?
John은 아직 입원해 있니?

B No, he was discharged from the hospital yesterday.
아니, 어제 **퇴원했어**.

> 어휘
> 표현
> 설명

◐ 대화에서 병원(hospital)이란 단어가 나왔기 때문에 discharge가 '퇴원' 이란 의미임을 알 수 있다. 퇴원이란 단어를 알고 있다면 '입원' 이란 표현은 'admit to hospital' 또는 동사형으로 'hospitalize' 를 사용할 수 있다.

◐ **be in (the) hospital**은 '입원해 있다' 는 의미다.

CONVERSATION 2

A **I heard that Bill just got dismissed.**
빌이 해고되었다면서?

B **Uh-huh, he was discharged from his position because of his incompetence.**
응, 무능력 때문에 **해고되었어**.

> 어휘
> 표현
> 설명

◐ '해고하다' 는 흔히 dismiss나 discharge를 쓰며, fire는 같은 뜻이지만 좀더 강한 느낌이다. 회사의 경영난으로 인한 해고는 lay off라고 한다.

◐ **position**은 '위치' 라는 뜻을 가지고 있지만 일과 관련해서는 '직위' 란 뜻이다. 즉 이런 상황에서는 job과 유사어가 될 수 있다.

◐ **incompetence**는 '무능력' 이란 뜻인데, in-을 뺀 competence는 '능력' 이란 뜻이다. 또한 '능력이 있는' 은 competent이다.

CONVERSATION 3

A Hey, are you on a leave?
휴가 중이야?

B No. I was just discharged from the Marines last week.
아니, 지난주에 해병대에서 **제대했어**.

A Oh yeah! It seems only yesterday that you joined the Marines.
우와! 입대한 지 엊그제 같은데.

어휘
표현
설명

- '휴가' 란 단어로 vacation만 떠오르고, leave를 들었을 때 '떠나다' 는 동사형으로 많이 생각하고 있지만, 명사형으로 사용될 때는 '휴가' 라는 의미로 사용된다. 특히 군대처럼 소속된 곳에서 며칠간 휴가 가는 경우에 주로 사용한다.

- '(군에) 입대하다' 라는 의미로 join과 enlist를 쓰는데, 우리나라처럼 국민의 의무로서 군에 입대하는 경우는 enlist라 하며, 미국과 같이 지원하는 경우에는 join이라 한다.

- **marine**은 일반적으로 '바다의' 라는 뜻을 가지고 있는데 군대와 관련해서는 고유명사로 '해병대' 라는 뜻이다.

▶ 영재의 문화 탐방

한국에서의 군대는 건장한 젊은이라면 원하든 원하지 않든 누구나 가야 하는 국민으로서의 의무지만, 미국에서는 자원군이기 때문에 군대의 지원은 선택 사항이다. 그렇다면 미국 군대는 텅 비어 있지 않을까? 그리고 미국인들은 왜 굳이 군대에 지원해 사서 고생을 하려고 할까? 미국 정부는 군인을 모집하기 위해 특별한 혜택을 제공한다. 예를 들어 군대에서 기술을 가르치고, 군 제대 후에는 대학에 진학할 수 있도록 장학금을 주기 때문에 고등학교 졸업 후 특별한 직업이 없거나 경제적인 문제로 대학을 가지 못할 때에는 군에 지원하는 경우가 많다. 물론 의무적인 군복무 기간은 정해져 있지만 그 이상의 복무 기간은 자신이 직접 선택 결정한다. 미국 군대 중에서도 특히 훈련이 혹독하고 강한 정신력이 요구되는 해병대는 — 우리나라에서도 그렇지만 — 강인한 남성의 이미지로 연상된다. 해병대의 정식 명칭은 the Marine Corps지만 흔히 the Marines(해군은 Navy)라고 한다.

SENTENCE

Ⓐ The river became polluted by the **discharge** of dangerous toxic chemicals from nearby factories.
근처에 있는 공장에서 **방출**하는 위험한 유독성 화학물질로 인해 그 강은 오염되었다.

- 위 상황에서는 'dangerous toxic chemicals(유독성 화학 물질)'란 표현으로 discharge가 '방출'이란 뜻임을 알 수 있다.

- **pollute**는 '오염시키다' 라는 의미로 일상생활이나 독해 지문에서 많이 나오며 명사형은 pollution이다.

- **nearby**는 '근처' 란 뜻이며 close by를 사용할 수도 있다.

16-1　Do

하는 일이 많죠

Milk will do you good.

우유는 여러분에게 이로움을 줍니다.

　　Do 동사는 기본적인 동사로 쓰임이 아주 많다. →1) 의문문이나 부정문을 만들 때도 쓰이며 →2) 동사 앞에 쓰면 동사를 강조하는 느낌이 있다. "I did finish the work." 라고 하면 끝냈다는 것을 강조해 '확실하게 끝냈다' 라는 의미다. 많이 쓰이는 용법 중의 하나로→3) 앞에 언급된 동사를 다시 말하는 대동사의 역할도 있는데 '~하다' 로 해석하면 된다. 그리고 →4) '~에게 이로움을/해로움을 주다' 라는 의미도 있으며 흔치 않은 용법으로는→5) '성대 모사를 하다' 라는 의미도 있고→6) '충분하다' 의 뜻으로 사용되니 예문에서 잘 살펴보기 바란다.

CONVERSATION 1

A Do you solemnly swear that you take this woman to be your wedded wife?

이 여인을 당신의 아내로 맞아들일 것을 맹세합니까?

B I do.

예.

- **solemnly**는 '엄숙하게' 라는 뜻을 가진 단어다.

- **swear**는 '맹세하다' 라는 의미로 사용되지만 일상생활에서 '욕을 하다' 라는 의미로도 사용된다.

- 이 문장에서 쓰인 do는 대동사의 용법으로 'I swear' 라는 의미다.

영재의 문화 탐방

우리나라의 결혼식 모습도 변해서 지금은 신랑의 경우에는 턱시도를 입고 신부는 웨딩 드레스를 입는 등 많이 서구화되었다. 미국의 결혼 풍습 중 하나로 총각 파티(bachelor party)가 있는데, 결혼하기 전날 신랑(groom) 친구들이 신랑을 위해 친구집이나 작은 식당에서 축하 파티를 여는 것을 말한다. 이는 자유로운 총각 시절이 끝나는 것을 아쉬워(?)해서 여는 파티로, 술을 먹고 스트립퍼(striper)를 데려와 유쾌하고 재미있게 보낸다. 신부와 친구들도 wedding shower라는 파티를 하는데, 이때 간단하게 음식을 나누어 먹고 신부에게 결혼 선물을 한다.

미국인들의 결혼식은 대부분 교회에서 이루어지며(그래서 결혼식장이 아예 없다) 결혼식이 끝난 후 파티(wedding reception)를 연다. 결혼식 비용의 대부분이 이 피로연 비용으로 드는데, 장시간에 걸쳐 음식을 먹고 춤을 추며 즐긴다.

 **SENTENCE**

Ⓐ **Milk will do you good.**
우유는 여러분에게 **이로움을 줍니다**.

▶ 위에서 쓰인 do는 '~에게 이익/손해 등을 주다' 라는 의미가 있다. 미국의 유명한 우유 홍보 중에 유명인들이 나와 우유를 마신 뒤 수염처럼 입 주위에 우유가 묻은 상태로 "Milk will do you good."이라고 말하는 광고가 있다.

 **CONVERSATION 2**

Ⓐ **Are you comfortable and warm?**
편안하고 따뜻하니?

Ⓑ **Oh, yeah! This sleeping bag will do for the night.**
응. 잠자리는 슬리핑 백으로 **충분해**.

어휘	
표현	
설명	

▶ 자주 접하지 않는 뜻으로 do에 '충분하다' 가 있다.

 SENTENCE

Ⓑ **He became famous because he does Bill Clinton very well.**
그는 빌 클린턴의 **성대 모사**를 잘해서 유명해졌다.

▶ 위 예문에서 do는 조금은 독특한 용법인데 '성대 모사를 하다' 라는 뜻으로 쓰인다. 참고로 impersonate라고 해도 같은 의미다.

휴식 코너 2

필자가 한국에서 영어를 가르치면서 느낀 것 중 하나가 영어를 너무 어렵게 공부한다는 것이다. 영어라는 시장이 워낙 크다 보니까 문법, 독해, 청취, 회화 등등을 따로 나누어 공부한다. 물론 영어를 이렇게 세부적으로 나누어 공부하는 것도 도움이 되겠지만 언어적인 감각 없이 무조건 그 영역에서 영어를 공부하다 보니 머리로만 알지, 실제 생활에서 사용할 때는 공부한 만큼 활용을 못하는 것 같다. 예를 들어 거의 모든 사람들이 알고 있는 "All work and no play makes Jack a dull boy.(아이를 놀리지 않고 공부만 시키면 바보된다)"라는 속담에서 dull이란 표현을 '바보스러운' 이라는 의미로 외우고 있는 것을 보았다.

처음에는 왜 그럴까 의아하게 생각해 영한 사전에서 dull을 찾아봤더니 '지루한' 뜻 외에 '우둔한' 의 뜻으로 나와 있음을 볼 수 있었다. 아마 사전의 이러한 해석 때문에 사람들이 쉽게 이해하려고 dull을 '바보스러운' 이라는 뜻으로 해석한다는 생각이 들었다. 또 시중에 나와 있는 어떤 유명한 영어책에서도 그렇게 해석하고 있어, 한국에서 발행되는 모든 영어 관련 속담책에서 그 해석을 따라가는 것이, 정말 믿을 수는 없지만 사실이었다.

한국에서는 신문이나 영어책에 실리는 영어를 보면서 문법에 실수가 있는 것을 열심히 찾아내 자신의 영어 실력 잣대로 삼고 있는 독자가 많았는데 사실 문법적인 실수는 있을 수 있다고 본다(실제 영어를 모국어로 하는 사람들조차 잘 들어보면 문법적으로 맞지 않는 문장을 술술 잘 하니까).

하지만 아무리 어려운 문법을 알고 있다고 해도 기본적인 단어인 dull을 '바보스러운' 으로 알고 있을 정도라면 그 사람의 영어 실력은 그다지 실용적이지 못하다. 문법적으로는 문장이 완벽하다 할지라도 완벽한 영어 문장은 될 수 없다.

영어에서 중요한 것은 문법보다는 단어의 의미들이 정확하게 어떤 식으로 사용되는지를 알고 쓰는 것이다. 그렇다면 실제 영어에서 dull은 정확하게 어떤 의미로 사용되고 있을까? 대표적인 뜻은 '지루한' 이며, '우둔하다' 는 뜻은 '조금 더디다' 로 해석이 될 수 있다. 그러므로 dull을 '바보스러운' 이라고 생각하면 stupid이란 단어와 연결되고, 그렇게 되면 dull이란 단어의 의미를 완전히 틀리게 알고 마는 것이다.

16-2 Do 하는 일이 많죠

I guess he did his homework.

내 생각에 그가 아주 철저히 준비를 한 것 같아.

Do와 관련된 숙어로 실생활에 필수적인 것이 아주 많다. 여기서 대표적인 것을 잠깐 살펴보자.

★**do away with** [～을 없애다, 폐지하다, 끝내다]

 **CONVERSATION 1**

A Why did you quit smoking?
왜 담배를 끊었니?

B With the price so high, I felt that I could do away with my nasty habit.
가격이 너무 비싸서, 좋지 않은 버릇은 **없애기로** 했어.

> 어휘
> 표현
> 설명

◎ 일 같은 것을 '그만두다' 라는 의미로 quit을 사용한다는 것을 이미 많은 사람들이 알고 있을 것이다. 하지만 '술이나 담배를 끊다' 라는 의미로도 사용된다. 이때는 give up(포기하다)과 바꿔서 사용할 수 있다.

◎ **nasty**는 '몹시 더러운/불결한' 등 아주 부정적인 의미를 가지고 있다. 사전을 찾아 보니 이 단어에 대한 부정적인 의미가 8가지 가량 우리말로 해석되어 있었다. 이를 다 외운다는 것은 아주 골치 아픈 일이다. 따라서 기본적인 의미만 파악해서 상황에 따라 적절하게 우리말로 연상할 수 있도록 순발력을 길러보자.

★**do or die** [죽을 각오로 하다/전력하다, 아주 여유가 없고 융통성이 없는 사람]
글자 그대로 '죽기 아니면 하는 것' 중에 하나라는 개념이므로 '죽을 각오로 하다/전력하다' 의 의미다. 대화 2에서도 아주 여유가 없고 융통성이 없는 사람을 일컬을 때 사용된다고 생각할 수 있다.

CONVERSATION 2

Ⓐ Everything is do or die with John.
존은 모든 일을 **죽을 각오로 한다**.

Ⓑ Yeah, but that's how he became the youngest executive of this company.
응, 그가 이 회사에서 가장 나이 어린 임원이 될 수 있었던 방법이지.

> 어휘
> 표현
> 설명

◎ **executive**는 기본적으로 '행정부' 를 의미하는데, 회사 직위를 뜻할 때는 부장급 이상의 '임원진' 이라고 보면 된다.

*do (one's) homework [숙제를 하다, 준비를 철저히 하다]

직접적인 해석 그대로 '숙제를 하다' 라는 뜻도 있지만, 그 외에 '준비를 철저히 하다' 라는 의미도 있다.

CONVERSATION 3

Ⓐ That was an excellent presentation given by Mark.
마크가 한 프리젠테이션 중에서 제일 괜찮은 것이었어.

Ⓑ I guess he did his homework.
내 생각에 그가 아주 **준비를 철저히 한** 것 같아.

> 어휘
> 표현
> 설명

▶ **presentation**은 '발표' 란 의미다. 또 동사형인 '발표하다' 는 present이다. 많은 사람들이 이미 알고 있겠지만 이 단어는 독특하게 실생활에서 많이 사용하는 '현재' 또는 '선물' 이란 뜻도 있다. 그러면 그 의미를 어떻게 구별할까 고민도 될 수 있지만 다른 단어처럼 상황에 따라 파악하는 것이 아니라 발음상의 차이로 단어의 의미를 알아볼 수 있다. 예를 들어 '발표하다' 는 의미로 사용될 때에는 '프리젠' 이라 발음하고 '현재' 라는 의미일 때는 '프레즌', 마지막으로 '선물' 을 뜻할 때는 '프레젠' 이라 발음한다. 사실 정확한 발음을 구별하는 데 한계가 있지만, 중요한 것은 같은 단어라도 뜻에 따라 발음이 틀린 경우가 많다는 점을 기억해두자.

*do time [수감 중인/복역 중인]

CONVERSATION 4

Ⓐ I heard that Jason is doing time for trafficking ecstasy.
제이슨이 엑스터시 거래로 **복역 중**이라고 하던데.

B What a shame! He had a bright future ahead of him.
정말 안됐네. 정말 장래가 유망한 사람이었는데.

> 어휘
> 표현
> 설명

- 교통을 나타내는 traffic에 ing가 붙은 trafficking은 '(마약)거래' 라는 의미인데 dealing과 같다.

- **What a shame!**이란 '정말 창피해!' 라고 직접적으로 해석하기보다는 '참 안됐어!' 라는 식으로 상황에 대한 안타까움을 표현한다.

- **bright**은 '빛나는/밝은' 이란 의미다. 실생활에서는 위 상황처럼 future(미래)와 같이 쓰일 때는 '장래가 유망한' 이란 의미가 담겨져 있다. 또 "You look bright today."라는 표현은 밝아 보인다는 개념에서 '너 오늘 기분이 좋아 보인다' 라고 해석한다.

영재의 문화 탐방

1960년대 코카인처럼 중독성이 강한 마약은 극히 일부 대학생들만 했다. 그에 비해 비교적 간단한 마리화나(marijuana : pot 또는 weed라고도 함)는 술을 잘 마시지 못하는 사람들이 마리화나를 습관적으로 피우기도 했다. 마리화나가 법적으로 마약이라 규정되어 있어 많은 사람들은 그것이 아주 위험하다고 생각하지만, 연구 결과 술이나 담배 역시 그 중독성이 심각하다고 판명되었다. 아무튼 미국 대학생들은 코카인보다 싼 마리화나를 애용하는 경우가 많아 미국 대학의 마약 문화가 요즘 들어 몹시 심각한 사회 문제로 제기되고 있다. 게다가 4~5년 전부터는 엑스터시(ecstasy)라는 화학제 마약의 일종인 환각제가 대학생들 사이에 급속도로 퍼져나가 사회적으로 커다란 골칫거리로 대두되고 있는 실정이다. ecstasy로 사망하는 사람들이 생기자 단속이 더욱 강화되어 심지어는 학생들이 감옥에 가는 경우도 생겼다. 이들은 테크노 파티(Acid House Party)에서 이것을 복용하고 24~36시간 이상 춤을 추기도 한다. 마약 판매상(drug dealer)은 범죄자들뿐만 아니라 대학생들이 아르바이트로 하는 경우도 많다. 그러나 그들은 그런 행위를 사회적인 악의 보급이라고는 생각하지 않고 대학 생활의 일부로 잠시 즐길 뿐이라고 생각하는 데서 문제의 심각성이 있다. 우리나라에서도 엑스터시가 미국 유학생을 통해 유입되어 바짝 긴장하고 있는 상태다. 그나마 다행이라면 다행이랄까, 대부분 대학생들은 학교를 졸업한 이후로는 하지 않는다. 이런 마약류는 처음부터 아예 보지도, 듣지도 않는 것이 최상의 예방이다.

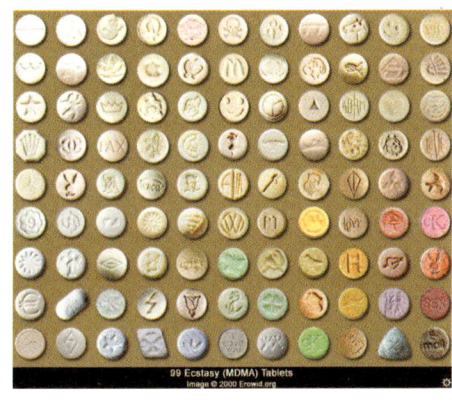

17 Drop   뚝 떨어지네

A drop in the bucket. 아주 많이 모자라다.

    Drop은 '~에서 뚝 떨어지다' 라는 개념에서 → 1) '물건이나 가격이 떨어지다', 하던 행동 따위에서 뚝 떨어진다라는 의미에서 → 2) '그만두다', 강하게 그만두라고 할 때는 "Drop it!"이라고 한다. 뚝뚝 떨어지는 형태를 가리킬 때는 → 3) '방울(명사형)' : a rain drop(빗방울), a tear drop(눈물 방울), a drop of water(물 한 방울)의 의미로 사용된다. 특히 'a drop of…'는 아주 극소량을 뜻한다. 요즘 방송에서 자주 나오는 우리나라처럼 '기름 한 방울 나지 않는 나라'를 표현할 때는 'a country which does not produce a drop of oil'이라고 하면 된다. 양이 아주 많이 모자랄 경우에는 'a drop in the bucket'이라고 표현한다. "The few hours he spent studying for the exam are just a drop in the bucket." (그가 시험 준비로 보낸 몇 시간은 아주 많이 모자랐다)

    또한 drop은 다른 단어와 함께 합성어로도 많이 쓰이는데, 가장 많이 쓰이는 숙어를 소개한다. drop in(drop by)은 '~에 잠깐 들르다', drop out은 동사로 '~를 중퇴하다' 의 뜻이며, 명사로는 '중퇴한 사람' 이다. drop off는 사전적 의미로는 (가격이나 물건 값이) '떨어지다' 지만, 실제 생활에서는 (물건을) '맡기다/(사람을)데려다주다' 라는 뜻으로 더 많이 쓰인다.

A Wow, did you check the price of groceries at the market?
시장의 야채 가격을 알고 있니?

B I know! The price has **dropped** sharply.
응, 가격이 아주 많이 **떨어졌던데**.

- **check**는 일상생활에 아주 많은 뜻을 지닌 단어이며 동사형으로는 '알아보다' 라는 의미다. 유사어로 find out이나 figure out이란 숙어가 있다.

- **grocery**는 식료품(점)이란 의미로 사전에 나와 있는데 미국에서는 주로 '야채' 나 '시장 본 물건' 이란 뜻으로 사용된다.

- **sharp**은 '날카로운' 이란 뜻이 가장 대표적이다. 일상생활에서도 사용빈도가 아주 높은 단어인데 '뚜렷한' 의 의미가 그 중 하나다. 이 의미가 sharply란 부사형이 될 때는 '급격하게' 라는 뜻으로 rapidly와 유사한 의미다.

A We're getting nowhere!
아무런 진전이 없다.

B You're right! Let's **drop** the subject.
이 주제에 대해서는 **그만하자**.

```
어휘
표현
설명
```

◐ **getting nowhere!**는 위의 상황에서처럼 어떤 문제에 대해서 혼자 또는 여럿이 고민하면서 해결하려고 하지만 도저히 풀리지 않을 때 쓰이는 아주 적절한 표현이다.

◐ 서로간에 합의가 안 될 경우 서로 기분 상하지 않게 '깨끗하게 끝내자' 라는 의미로 "Let's drop the subject."라고 표현한다.

CONVERSATION 3

Ⓐ **Did you see my yellow shirt?**
내 노란색 셔츠 봤니?

Ⓑ **I just dropped it off at the cleaner's.**
방금 세탁소에 **맡겼어**.

```
어휘
표현
설명
```

◐ 세탁소는 영어로 dry cleaner's라고 한다. 하지만 실생활에서는 dry를 빼고 간단하게 cleaner's로 표현한다. 한 가지 기억해둘 것은 종종 Laundromat을 세탁소로 번역하는 경우가 있는데, 이곳은 자기가 직접 동전을 넣어서 빨래하는 '빨래방' 을 말한다.

CONVERSATION 4

Ⓐ **Where were you this morning?**
오늘 아침에 어디에 갔었니?

Ⓑ **I had to drop off my wife at the train station.**
아내를 기차역에 **데려다줘야** 했거든.

| 어휘 |
| 표현 |
| 설명 |

- **Where were you...?** 란 질문은 '찾았는데 없더라' 는 뉘앙스로 사용되는 표현이다.

- **had to+동사원형**은 '~을 꼭 했어야 했다' 는 표현이다.

▶ 영재의 문화 탐방

train이라는 단어를 번역하면 기차가 되지만 실제 뉘앙스는 다르다. 한국의 기차는 먼 곳을 가기 위한 운송 수단이지만, 미국에서의 train은 근교지역(suburb)에서 도심지 내로 운행하는 전철 이외의 고속기차를 말한다. 한국에서는 분당/일산과 같은 근교지역에서 서울 시내로 통행하는 교통 수단으로 좌석버스를 주로 이용하듯이, 미국의 경우는 기차를 이용한다. 또한 시내와 근교지역 사이를 거의 직행으로 운행하기 때문에 출퇴근 시간에는 자동차보다 훨씬 빨리 갈 수 있다.

이런 경우 자가용으로 집에서 기차역까지 가서 자가용을 기차역에 주차시킨 다음, 기차로 시내 회사까지 출근한다. 그리고 퇴근할 때도 같은 방법으로 집까지 간다. 뉴욕 같은 몇몇 대도시 외에는 생활 편의시설이 차로 5~10분 나가야 있는 경우가 많다. 한국처럼 거대한 아파트 단지 안에 슈퍼, 옷가게, 음식점 같은 편의시설이 갖추어져 있지 않다. 따라서 한국 사람들이 미국 근교 지역에서 살게 되면 조금은 고립된 생활이라고 느낄 것이다.

18 End
끝장이야

We ended up in the wrong part of town.

반대편으로 나오게 되었거든.

End는 지금까지 본 단어 중에서 그 의미가 가장 간단 명료한 단어다. 동사로는 → 1) '멸망하다', 명사로는 → 2) '끝'이란 뜻이다. 기본적인 단어의 뜻은 간단하지만 일상 생활에서는 다른 단어와 합쳐져 숙어가 되는 경우가 많다.

CONVERSATION 1

A I heard you guys had a lot of trouble with the project.
사네들 그 프로젝드하는 데 문제가 많다고 들었는데.

B At first there was no **end** to the problems, but at the end of the day everything worked out well.
처음에는 문제가 **끝**도 없었는데, 결국에는 전부 잘 해결되었어.

> 어휘
> 표현
> 설명

- **trouble**은 '문제' 라는 뜻인데 같은 상황에서 problem이란 단어로 바꾸어 쓸 수도 있다. 한 가지 기억해둘 것은 trouble이란 단어는 동사형으로도 사용할 수 있다. 대표적인 표현법으로 I'm sorry to trouble you, but…은 '귀찮게 해서 죄송하지만……' 의 의미로 상대방에게 부탁할 때 사용한다.

- **no end of...**는 '끝이 없다' 라는 의미다.

- **At the end of the day**는 직역하면 '하루가 끝날 때' 라는 뜻인데 '결국에는' 으로도 해석된다.

- **work out**이란 표현은 실생활에서 다양하게 사용된다. 위의 상황에서는 '(문제를) 해결하다' 라는 의미며, 경우에 따라서는 '운동하다(exercise)' 라는 뜻으로도 아주 많이 쓰인다.

CONVERSATION 2

A Did you have to study a lot for your finals?
학기말 고사 공부 많이 했니?

B I had to study for hours **on end** for the test.
시험준비를 **꽤 오랫동안** 했어.

> 어휘
> 표현
> 설명

- **on end**는 '지속적으로 계속하다' 라는 뜻인데 '아주 오랫동안' 으로 해석하면 된다.

- '끝' 이란 의미에서 end도 사용하지만 final(최후)이란 단어도 많이 쓰이는데, 이 두 단어는 '항상 끝에 일어나는 일'을 의미한다고 생각하면 된다. 학기 끝에 학기말 시험이 있기 때문에 final이란 단어를 사용하고, 시험 과목이 여러 개가 되다 보니 학기말 시험은 복수형인 finals라고 표현한다.

CONVERSATION 3

A How was your trip to New York City?
뉴욕 시 관광은 어땠니?

B It was terrible. Every time we tried to get to a landmark, we ended up in the wrong part of town.
끔찍했어. 어떤 관광 명소를 찾아가면 항상 엉뚱한 곳에 **가 있더라니까**.

> 어휘
> 표현
> 설명

- **end up**은 '결과에 도달하다' 라는 뜻인데 wound up이란 숙어도 같은 의미로 쓰인다.

- **landmark**를 직역하면 land(땅)+mark(표시), 즉 '이정표'를 뜻하는데, 위 상황에는 역사적으로 의미가 있는 '관광 명소' 라는 뜻이다.

CONVERSATION 4

A How's Joe doing these days?

요즘 조는 어떻게 지내지?

B He had to get a job at McDonald's just **to make ends meet.**

생계를 유지하기 위해 맥도널드 햄버거 가게에서 일을 해야 했어.

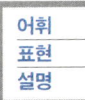

- **to make ends meet**의 숙어에 있는 ends는 '목적'이란 뜻이다. 우리 삶의 목적이 생존이라고 본다면 이 숙어의 전체적인 의미는 생존하기 위해서, 즉 '생계를 유지하기 위해서'라는 의미다.

- **How's...doing these days?** 이란 질문은 상대방이 제3자와 자기보다 더 친하기 때문에 자기보다 더 많은 소식을 알고 있다는 전제하에 제3자의 근황을 물어볼 때 사용하는 표현법이다.

영재의 문화 탐방

미국 고등학생들은 맥도널드나 버거킹과 같은 패스트 푸드점(fast food restaurant)에서 아르바이트하는 것을 가장 선호한다. 한국에서도 학생들이 친구들과 간단히 요기를 하러 친구가 일하는 이런 체인점에서 만나는 것과 마찬가지로, 미국 10대들도 이런 곳에서 친구들과 만나며 시간을 보낸다. 특히 이런 곳에서 일하면 친구들에게 많은 인기를 얻는데 그 이유는 이곳에서 일하는 친구들이 감자칩이라도 하나 더 주고 콜라라도 좀더 채워주는 등 조금이라도 그들에게 이익을 주지 않을까 하는 기대감 때문일 것이다.

미국 영화를 보면 가끔씩 고등학생들이 차를 운전하고 다니는 장면을 보게 되는데 물론 부모님이 차를 사주는 경우도 있지만, 대부분 이런 곳에서 방학 동안 열심히 일해서 번 돈으로 중고차를 사는 경우가 많다.

하지만 이런 일은 the dead end job(아무런 미래성이 없는 직업)이라고 생각하기 때문에 고등학교를 졸업하고도 이런 곳에서 일을 하면 그다지 인정받지 못한다. 아무튼 이같은 아르바이트에 대해 미국에서는 노동 착취를 우려해 정부가 책정한 minimum wage(최소 임금)를 적용하는데, 요즘에는 시간당 5달러 이상을 받는다. 만약 고용주가 이 금액 이하를 지불하면 노동 착취로 고소당할 수도 있다.

19 Engage

지금은 무척 바빠

He is engaged right now.

지금은 바쁘시거든요.

Engage는 →1) '약속하다'는 기본적인 개념에서 응용하여, 연인과 결혼을 약속하면 →2) '~와 약혼하다'의 뜻이 된다. engage in a battle(교전 중이다)에서와 같이 →3) '~와 교전하다'의 뜻으로도 사용되며 disengage라고 쓰면 '교전을 멈추다' 라는 뜻이 된다. 일상생활에서는 →4) '바쁜(busy)'이란 뜻으로 많이 사용한다. engage가 전치사 in에 연결되면 →5) '~에 종사하다'는 뜻이 되고, 품사가 바뀌어 형용사 engaging이 되면 '흥미있는/재미있는'이란 뜻이고, 명사형으로 engagement가 되면 '약혼' 뿐만 아니라 '약속'이란 뜻이 된다.

CONVERSATION 1

Ⓐ Susan looks so happy today!
수잔이 아주 오늘 행복해 보이는데!

Ⓑ She has to be. She just got engaged yesterday.
그럴 수밖에. 어제 **약혼했어**.

| 어휘 |
| 표현 |
| 설명 |

- '약혼하다'라고 할 때는 get 동사를 engage 앞에 사용한다. '결혼하다'는 get married라고 표현한다.

- '~같아 보인다'는 의미로 look이나 seem을 사용한다.

- **have to**는 '~해야 된다'는 의미에서 '그럴 수밖에'라고 해석한다.

A Can I talk to Mr. Johnson please?
존슨 씨 계십니까?

B I am sorry he is **engaged** right now. Can I take a message?
죄송하지만, 지금은 **바쁘시거든요**. 메시지 남기시겠어요?

| 어휘 |
| 표현 |
| 설명 |

- 전화를 걸었을 때 상대방이 바쁘다라는 말로 흔히 busy라는 단어를 사용하지만 간혹 위 대화에서처럼 engage란 단어를 사용할 수 있다. "회의가 있어 바쁘다"라고 말할 때는 "~ is tied up with the meeting"이라고 표현한다. 여기서 tied up은 '~에 완전히 묶여 있다'는 개념에서 '바쁘다'는 의미다.

A I heard Congressman Smith resigned yesterday.
어제 스미스 하원의원이 사임했대.

B **Well, that shows that politicians should not be engaged in business with lobbyists.**
그래, 정치인들은 로비스트와 관련된 일에 **개입되어서는** 안 된다는 것을 보여주는 일이로군.

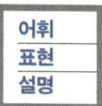

- **Congressman**을 우리말로 번역한다면 국회의원이 가장 적당하겠지만, 미국에서는 누구나 알고 있듯이 상원(Senator)과 하원(Representative)의원이 있다. 하지만 Congress(국회)+man(사람)이라 하면 으레 '하원의원'을 의미한다.

- **resign**은 '해임하다'는 의미로 시사에 관심 있는 사람들은 반드시 기억해둬야 할 단어다.

- **engage in...**은 '어떤 일에 종사하다'라는 의미도 있지만 위와 같은 상황에서는 '연관을 짓다/개입하다'로 해석된다.

A **Wanda, why do you like Tim?**
완다야, 왜 팀을 좋아하니?

B **He has such an engaging personality.**
성격이 **재미있잖아**.

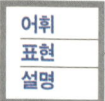

- **engaging**은 '흥미있는/재미있는' 또는 '매력적인'의 뜻으로 사람의 성격이나 미소처럼 그 습성을 설명할 때 많이 쓰이는 표현이다.

- **personality**는 '성격/품성'이란 의미로 주로 쓰인다. 하지만 특정 상황에서는 인물이라는 의미로 우리말의 '연예인' 정도로 해석한다. 예를 들어 television personality란 표현을 간혹 들을 수 있는데 이때는 '방송인'으로 해석하면 된다.

영재의 문화 탐방

우리나라에서 로비스트(lobbyists)라는 직업에 대하여 부정적인 시각이 강한 것처럼, 미국에서도 별반 다르지 않다. 특히 담배 산업(tobacco industry) 로비스트와 미 총기협회(NRA : National Rifle Association) 로비스트는 미국 내에서도 아주 부정적인 로비스트 단체들이다. 특히 NRA는 〈포춘FORTUNE〉 지가 뽑은 가장 영향력 있는 로비스트 단체들 중에서 2위를 차지했다. 작년처럼 총기로 인한 사건이 많았음에도 77억 원이란 lobby 자금은 총기 단속 법안 통과를 저지하는 힘을 과시했다. 〈FORTUNE〉 지가 뽑은 순위 중에 또 한 가지 특이한 점은 가장 영향력 있는 lobby 단체는 변호사(Association of Trial Lawyers of America)협회나 의사협회(American Medical Association)가 아니라 'the American Association of Retired Persons' 라는 노인 복지 보호회인데, 이 단체는 돈보다는 노동력으로 힘을 과시한다.

로비스트는 전문적인 지식을 갖춘 변호사 출신이 많으며 특정 집단의 이익을 추구하는 것이 대부분이다. 그러나 환경 보호라든가 소비자 보호 등 시민과 환경을 위해 결성되는 비영리 로비 단체도 많다.

20 Estimate 자, 있어요?

You should get an estimate.

견적을 받아봐.

Estimate는 원래 → 1) '(자)로 측정하다' 라는 뜻에서 파생되어 → 2) '~을 어림하다' → 3) '계산하다' → 4) '평가하다' 라는 뜻으로 주로 동사형과 명사형으로 쓰이며 토플 같은 시험 독해 지문과 시사 뉴스에서 경제 전망 내용에 많이 쓰이는 단어다. 또한 평가한다는 의미에서 '과소 평가' 를 뜻할 때는 underestimate란 표현을 사용하고 '과대 평가' 를 뜻할 때는 overestimate란 단어를 사용한다. 일상생활에도 이 단어가 많이 사용되는데 주로 명사형으로 → 5) 차나 집을 수리할 때 받는 '견적서' 란 뜻이다. 생활영어로 필수적으로 알아두어야 할 단어다.

CONVERSATION 1

Ⓐ Tom, can you tell me the projected sales figure for the next week?
톰, 다음주 매출 예상 수치를 알 수 있어?

Ⓑ Well, all I can give you is a rough estimate.
글쎄, 지금 내가 줄 수 있는 것은 대략적인 **수치야**.

> 어휘
> 표현
> 설명

- 우리말에서도 연구 프로젝트 또는 사업 프로젝트처럼 project라는 단어를 실생활에서 많이 사용하는데, 영어에서도 한국에서 사용하는 것과 같은 의미로 project를 사용한다. project를 동사형으로 사용하면 estimate(측정하다)라는 뜻이다. 위 대화에서는 과거분사형으로 '예상되는'이라는 형용사로 쓰이고 있다.

- 이때의 estimate는 정확하지 않은 '어림잡은 수치'를 나타내는데 같은 상황에서 ballpark figure라고 표현해도 된다. ball(공)+park(공원)가 연결되어 운동장, 특히 '야구장'을 뜻하는데 여기서는 '대략적인'이란 의미다. 그리고 figure란 단어는 '형상/형태'로 해석되기도 하지만 위 문장에서처럼 '수치'란 의미로 해석되기도 한다.

CONVERSATION 2

A Did you see the tennis match?
테니스 게임 봤어?

B Yeah, it surely shows what can happen, if you underestimate your opponent.
응, 상대편을 **과소 평가한다면**, 어떻게 되는지 확실하게 보여주었지.

> 어휘
> 표현
> 설명

- '시합'이란 의미로 match를 많이 사용하지만 실생활에서 match는 '잘 어울린다'는 의미로도 사용되며, '성냥'이란 뜻도 있다.

- **sure**는 '확실하다'는 의미로 많이 알고 있지만 이 단어가 부사형으로 '확실히', 즉 really와 같은 상황에서 사용된다는 것을 기억하자.

- **opponent**를 사전에서 찾아보면 '적'이란 의미로 적혀 있지만 대부분의 경우 '상대'라는 의미로 많이 사용된다. 또 '적'하면 enemy가 연상되는데, 두 단어의 차이점은 opponent는 단지 자신의 의견이나 생각에 맞서는 사람이란 뜻이고, enemy는 전쟁에서 적이나 원수 관계를 뜻할 때 사용하는 단어다.

CONVERSATION 3

Ⓐ Oh-oh, the bathroom sink is clogged up. I'd better call a plumber.
이런, 세면대가 막혔어. 수리공을 불러야겠어.

Ⓑ Before you get it fixed, you should get an estimate first.
고치기 전에, **견적**을 먼저 받아봐.

어휘
표현
설명

- **Oh-oh**라고 상대방이 표현할 때는 항상 어떤 나쁜 일이 일어났구나라고 생각하면 된다. 상대방이 너무 당황해 Oh-oh라는 말만 되풀이하고 말을 잇지 못할 때 "What is it?(무슨 일이야)"이라고 물어보는 경우가 많다.

- **clog**은 '막히다'라는 뜻인데 '하수구가 막혔다'라고 표현할 때는 clog up이란 숙어를 사용한다.

- **had better call+사람**, 이 표현은 '당장 누구를 불러야겠군' 이란 뜻으로 뒤에 사람이 반드시 필요할 때 쓰인다.

- '고치다'라고 표현할 때 일상생활에서는 repair와 fix란 단어를 많이 사용한다. 두 단어는 거의 같은 상황에서 쓰이는데 굳이 두 단어의 용법을 구별하자면 fix는 그렇게 많은 부품을 필요로 하지 않고 고친다는 의미고, repair란 자동차 같이 부품이 고장이 나서 고친다는 뉘앙스를 가지고 있다. 하지만 이 용법의 차이를 절대적으로 지켜가면서 사용하지는 않는다.

> **영재의 문화 탐방**

생활하다 보면 간혹 하수구가 아주 심하게 막히는 경우가 있다. 미국의 임대 아파트에서는 주인이 수리비를 부담하게 된다. 이때는 수리공(plumber)을 부르게 되는데 이 수리공은 세입자에게는 아주 고마운 존재이지만 집주인에게는 상당히 두려운(?) 사람이다. 왜냐하면 인건비가 비싼 미국에서 특히 이런 수리공을 한번 부르게 되면 수십 달러 또는 수백 달러가 지출되기 때문이다. 사실 한국에서는 단순한 기술자 정도로만 여기는 수리공, 전기공(electrician), 자동차 정비공(mechanic : auto repairman이라고도 하지만 교과서적인 표현이라 잘 쓰지 않는다) 같은 사람들이 미국에서는 전문적인 기술자로 여겨져 수리하는 비용이 매우 비싸다(시간당 15~20달러). 또한 노조가 잘 되어 있어 상당한 수입으로 여유롭게 사는 중산층(middle class) 직업이다.

이런 직업을 가지기 위해서는 6개월에서 2년 동안 기술학교(vocational/technical school)에 다니면서, 시험을 본 후 자격증(license)을 취득해야 한다. 물론 전부 그런 것은 아니지만 대부분 공부에 관심이 없거나 경제적으로 여유가 없는 고등학교 졸업자들이 기술학교에서 기술을 배운다. 육체적인 노동이 필요한 전문직이라 많은 사람들이 꺼린다고 생각하겠지만 수입 면에서는 일반 대학 졸업자들과 같거나 더 많이 벌기도 한다. 특별한 기술이 요구되지 않으면서도 강력한 노조로 중산층의 생활을 할 수 있는 또 다른 직업으로는 환경 미화원(sanitation worker)을 꼽는다. 즉 한국에서 대우받지 못하는 직업이 미국에서는 중산층 시민들의 대표적인 직업이라고 할 수 있다.

21 Expose

어어! 보여주면 안 되는데…

I just want to be exposed to it as much as possible.

가능한 한 많이 경험하고 싶어.

　　Expose는 원래의 → 1) '보여주다'라는 뜻에서 일상생활에서는 생각이나 모습을 보여주면 → 2) '~을 드러내다' → 3) '노출시키다', 숨겨진 사실이나 비밀을 보여주면 → 4) '폭로하다', 새로운 것을 보여주며 겪게 하면 → 5) '경험하다'라는 뜻으로 다양하게 해석될 수 있다. 또한 명사형인 exposé는 한국의 TV 프로그램 「그것이 알고 싶다」와 같은 → 6) '고발 프로그램이나 보도'를 말한다.

CONVERSATION 1

Ⓐ Hey, did you catch "60 Minutes" yesterday?
어제 식스티 미니츠 봤니?

Ⓑ Yeah, Mike Wallace did a great job exposing the meat packing industry.
응, 마이크 월래스가 고기 포장 산업을 **폭로하는 데** 큰 역할을 했지.

> 어휘
> 표현
> 설명

- '잘했어!' 를 영어로 표현하면 'Do a good job!' 이 된다. '아주 잘했어!' 라고 할 때는 'Do a great job!' 이나 'Do excellent (outstanding) job!' 이란 표현을 번갈아 사용한다.

- TV 프로그램 따위를 설명할 때 expose를 사용하면 그 프로그램의 성격이 어떠한 비리를 '폭로하다' 는 의미다.

- 한국에서도 여성용 화장품 선전에서 얼굴 팩이란 말을 많이 사용하는데, 실생활에서 이 pack이라는 단어는 주로 '짐을 꾸리다' 또는 '채우다' 라는 의미다. 위와 같은 상황에서는 ~ing형으로 형용사가 되어 '포장하는' 뜻으로 해석된다.

▶ 영재의 문화 탐방

계급이 형성되어 있던 옛날 한국 사회에서는 푸줏간에서 일하는 사람들을 백정이라 하여 아주 천시했다. 미국에서도 고기 포장 산업에 대한 인식은 좋지 않다. 이 산업은 19세기부터 미국에 온 첫 이민자들이 온갖 노동 착취를 당하면서 전통적으로 이어온 산업이기도 하다. 그래서 지금도 노동 착취가 가장 심할 뿐만 아니라 미국인들이 가장 싫어하는 하위 직업으로 인식되어 있다.

이 산업과 관련된 각종 노동 착취를 어느 방송 프로그램이 적나라하게 파헤쳤는데 바로 '60 Minutes' 이다. 많은 사람들이 AFKN을 통해서 본적이 있겠지만, 매주 월요일에 방송되는 '60 Minutes' 라는 고발 프로그램(exposé)은 1968년에 시작하여 오늘날까지 32년에 걸쳐 방영되고 있는데, 최근 22년 동안 시청률 10위권 내를 유지하고 있으며, 매주 1,900만 명이 시청하고 있어 미국에서 가장 영향력 있는 프로그램이라 할 수 있다.

한 예로 전 미국 대통령 클린턴이 처음 대선에 출마한 후 얼마 되지 않아 여자 관련

스캔들로 한참 고역을 치르고 있을 때 부인 힐러리와 함께 이 프로그램에 출연해, 자신이 실수를 했지만 그들 부부 사이는 전혀 문제가 없다고 인터뷰를 함으로써 그는 최악의 상황을 극복할 수가 있었다. 한마디로 '60 Minutes' 라는 방송이 미국 역사의 흐름에 큰 영향을 주었다고 해도 무리가 아니다.

이 프로그램의 4명의 진행자 또한 프로그램의 명성에 걸맞게 미국에서 내로라 하는 유명 저널리스트들인데, 그 중에서도 가장 대표적인 사람이 마이크 월래스다. 그는 이 프로그램의 첫 방송 때부터 시작하여 60년대 케네디 대통령에서 최근 조지 부시 대통령에 이르기까지 모든 미 대통령과 단독 인터뷰를 한 인물이기도 하다. 현재 82세가 된 그가 다시 계약연장을 했다니 앞으로 몇 년 더 그가 이 프로그램을 진행할 것으로 보인다.

CONVERSATION 2

A Is there any special caution that I should take?

특별한 주의 사항이 있나요?

B Yes, you should not **expose** the plant to sunlight for a long period.

예, 식물을 장시간 햇볕에 **노출시키지** 마시기 바랍니다.

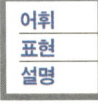

어휘
표현
설명

- **caution**은 '주의 사항' 이란 뜻으로 일상생활에서 많이 쓰이는 단어다. 그래서 경고문의 맨 위에 caution이나 warning이란 단어가 쓰여 있는 경우가 많다. 또한 이 단어가 ~tion으로 끝나기 때문에 명사형으로만 생각하는데 '~에게 조심시키다/경고하다' 라는 동사형으로도 사용된다.

- 위에서의 expose는 햇빛에 '노출시키다' 는 뜻인데, 이러한 의미에서 사진 촬영할 때 '빛에 노출시키다' 도 expose를 사용한다.

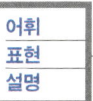
CONVERSATION 3

Ⓐ Mary, what's the matter?
메리, 무슨 일이야?

Ⓑ I just ran into a sicko who exposed himself right in front of me.
내 앞에서 자신을 **노출시키는** 사람을 봤어.

> 어휘
> 표현
> 설명

- 상대방의 얼굴이 창백해져서 들어올 때 '무슨 일이야?' 라고 물을 때 위 대화처럼 'What's the matter?' 라고 표현하거나 'What happened?' 라고 표현할 수 있다.

- **run into**란 숙어는 청취 시험에 많이 나오는 '우연히 만나다' 라는 뜻이다. bump into란 숙어도 같은 뜻으로 쓰인다.

- 여기에 쓰인 sicko(식오 : 발음이 다소 어려운 단어다)는 '정신 나가고 황당한 짓을 하는 사람', 또는 '변태'를 뜻하는데 wacko나 psycho와 같은 뜻이다.

- 요즘에도 이런 사람이 있는지 잘 모르겠는데 10~20년 전만 해도 정신병자가 속에 아무것도 입지 않고 바바리만 걸친 상태에서 지나가는 사람들, 특히 여성들에게 자신의 알몸을 노출시키는 이상한 행동을 하는 경우가 종종 있었다. 이런 사람을 영어로 flasher라고 한다.

CONVERSATION 4

Ⓐ What! You are taking another music appreciation class?
뭐! 음악 감상 수업을 하나 더 듣는다구?

Ⓑ I just want to be exposed to it as much as possible.
가능한 한 많이 **경험하고** 싶어.

107

| 어휘 |
| 표현 |
| 설명 |

- **appreciation**은 '고마움' 이란 뜻으로 많이 쓰이는 단어다. 하지만 위의 상황에서는 '감상' 이란 뜻으로도 쓰인다는 것을 기억하자.

- **What!**은 의문사로 주로 쓰이지만, 위의 문장에서처럼 놀라움을 나타내는 감탄사로도 쓰인다. 상대의 얘기가 이해가 안 되어서가 아니라 소식이 놀랍다는 뜻이다.

- 위의 상황처럼 자기 자신을 음악 감상 수업에 '노출한다' 는 것은 '경험하다' 라는 뜻으로 해석하면 된다. 특별히 물리적인 요소가 문장 내에 언급되지 않을 경우에는 주로 '경험하다' 라는 뜻으로 쓰인다.

전 변하지 않아요 **Firm** 22

You should invest in a firm mattress.

매트리스가 딱딱한 침대를 사.

Firm의 기본적인 개념은 → 1) '변하지 않는' 것을 나타낸다. 물체에 대해서는 → 2) '굳은/딱딱한', 사람에 대해서는 → 3) '(태도)가 단호한/확고한', 법률회사나 회계 법인처럼 같은 직종의 사람이 모여 이룬 → 4) '회사' 라는 뜻도 있다.

CONVERSATION 1

Ⓐ I don't know what kind of bed I should get.
어떤 종류의 침대를 사야 할지 모르겠어.

Ⓑ You should invest in a firm mattress.
매트리스가 **딱딱한** 침대를 사.

| 어휘 |
| 표현 |
| 설명 |

- **invest**는 '투자하다' 라는 뜻 외에 '물건을 사다' (=buy)라는 뜻으로도 자주 쓰인다.

- **mattress**는 침대에 까는 '매트'라는 뜻도 있지만, '침대'라는 의미로도 사용될 수 있다.

- 위 문장의 firm은 '딱딱한'의 뜻으로 쓰였다.

SENTENCE

Ⓐ You need to do thorough research in order to be on firm ground.
확실하게 하기 위해 철저한 조사를 할 필요가 있어.

Ⓑ A good teacher needs not only patience but also a firm hand.
좋은 선생님이 되기 위해서는 인내심뿐만 아니라 **엄격함**도 필요하다.

Ⓒ It's difficult to hold firm to one's convictions these days.
요즈음은 자신의 신념을 **지켜나가기**가 어렵다.

- 변하지 않는 확실함을 나타내는 것과 관련된 숙어로 be on firm ground(확실한), a firm hand(엄격함), hold firm to(변하지 않고 지키다)가 자주 쓰인다.

- **thorough**는 '확실하게'라는 뜻인데 "He is a thorough person."이라고 하면 '그 사람은 믿을 만한 사람이야'라고 해석된다.

- 아주 기본적인 표현이지만 토플 문법에 많이 나오는 'not only A but also B'는 'A뿐만 아니라 B도'의 뜻인데, 유의할 점은 A와 B 부분은 문법상 대등한 구조를 이루어야 한다.

- **conviction**은 '신념'이란 뜻인데 principle을 사용해도 된다.

CONVERSATION 2

A **What's your plan after graduation?**
졸업 후 계획이 뭐니?

B **I think I'll join a law firm.**
법률회사에 들어갈 생각이야.

어휘 / 표현 / 설명

- **join**은 '합류하다'는 뜻인데 '입사하다'는 뜻으로도 많이 쓰인다.

- **firm**이 '회사'라는 의미로 쓰일 때는 주로 전문적인 서비스를 제공하는 회사를 뜻하는 경우가 많은데, 가장 대표적으로 law firm(법률 회사)이나 accounting firm(회계 법인체) 등에 사용한다. 서비스를 제공하는 회사라 할지라도 보험회사일 경우에는 insurance agency라고 표현한다. 우리가 흔히 '회사'라고 알고 있는 company는 일반적인 제조업 등의 회사를 말한다.

영재의 문화 탐방

한국에서는 변호사의 도움이 필요한 경우가 그리 많지 않다. 만약 변호사의 도움이 필요한 일이 생기면 아주 큰 일이라 할 수 있다. 하지만 미국에서의 변호사는 일상생활에서도 그 역할이 다양하기 때문에 변호사의 도움이 보편화되어 있다. 범죄가 발생했을 때도 당연히 필요하지만, 그 외에 집이나 땅을 사고 팔 때, 사무실을 얻을 때에도 필요하다. 즉 한국에서 부동산 중개소가 하는 일을 부분적으로나마 변호사가 한다고 보면 된다.

특히 사업을 하는 사람들이 계약서 작성, 각종 면허 신청 및 인증 절차를 밟을 때 변호사의 도움이 꼭 필요하다. 물론 법적 절차가 복잡하다고 생각할 수도 있지만 미국에서는 서류 절차에 전문성을 요구한다고 볼 수 있다. 그래서 전 세계적으로 미국만큼 변호사가 많은 나라도 없을 것이다.

변호사들이 모두 법률 사무실에서 일하는 것은 아니다. 일반 회사에서 사원으로 채용되어 그 회사의 법률적인 모든 문제를 담당하기도 한다. 수적으로 많다 보니 치열한 경쟁 속에서 때론 부정하고 파렴치한 행동을 하는 변호사들도 있어 전체 변호사들의 위신을 떨어뜨리고 돈만 아는 전문직으로 인식되기도 한다. 하지만 그 중에는 정계로 진출해 성공한 경우도 많은데 현재 미국 정치인의 대부분이 변호사 출신이다.

23 Get

뭐든지 주세요, 다 받아요

It went well. I got the position.

잘되었어. 취직되었어.

　　Get은 기본적으로 전부 받아들인다라는 개념에서 → 1) '~을 얻다/받다' → 2) '가져오다 (구입하다)' → 3) '~을 벌다'의 뜻으로 많이 쓰인다. 하지만 누누이 언급했듯이 언어란 무조건 고정된 뜻으로만 해석되는 것이 아니라 상황에 따라 기본적인 개념이 다양하게 응용될 수 있다. 예를 들어 "I didn't get it."이란 말을 들었을 때 이 문장만으로는 '그것을 갖지 못했다'라고 해석할 수 있다. 하지만 상대방의 "Did you understand?"란 질문에 대해 이같은 답을 했다면 '이해하지 못했다'라고 해석된다. 이때의 get은 understand와 같은 의미다.

Ⓐ How did your job interview go?
회사 면접한 것 어떻게 되었어?

Ⓑ It went well. I got the position.
잘되었어. 일자리를 **얻게** 되었지.

> 어휘
> 표현
> 설명

- 한국에서 '인터뷰' 란 단어는 신문이나 방송에 나가는 것을 생각하는데, 미국에서도 그러한 의미로 사용하지만 '(회사나 학교에 들어가기 위한) 면접' 이란 의미로도 많이 사용한다.

- 위 예문의 get은 가장 많이 사용하는 용법인 '얻다' 라는 뜻이다.

- **position**은 '위치/직위' 라는 뜻이 발전하여 위의 예문처럼 '직장/일' 의 뜻도 있다. 'job' 과 같이 사용할 수 있다.

Ⓐ Do you want anything from the drugstore?
가게 가는데 필요한 것 있어?

Ⓑ Yeah, get me a chocolate bar.
응. 초콜릿 한 개만 **사다줘**.

> 어휘
> 표현
> 설명

- **drugstore**는 drug(약)+store(가게)라는 뜻에서 약국이라고 생각하기 쉽지만,

113

우리나라의 편의점이라고 생각하면 된다. 미국에도 편의점(convenient store)이 있는데 drugstore와는 약간의 차이점이 있다. drugstore에서는 편의점과 마찬가지로 일반용품 및 간단한 두통약 정도를 취급할 뿐만 아니라 처방전으로 더 다양하게 약도 살 수 있다. 하지만 술이나 즉석에서 먹을 수 있는 음식은 취급하지 않는다. 그리고 또 drugstore에서는 물건을 대량으로 구입해서 팔기 때문에 가격이 우리나라의 동네 슈퍼마켓이나 편의점에 비해 저렴하므로 소비자들이 많이 이용한다. 또한 뉴욕 같은 대도시에는 이러한 drugstore가 24시간 운영되는 곳도 있다.

CONVERSATION 3

Ⓐ How is your new apartment?
새로 옮긴 아파트 어때?

Ⓑ I love it except for the fact that I can't get AFKN.
아주 좋아, AFKN을 **수신할** 수 없다는 것 빼고는.

| 어휘 |
| 표현 |
| 설명 |

▶ **love**(사랑)는 단지 연인에 대한 감정만을 나타내는 것이 아니라, 일상생활에서는 '매우 좋다'는 뜻으로도 사용된다. 특히 형용사형으로 사용될 때 그런 의미가 많이 내포된다. 그 예로 "What a lovely apartment!(아파트가 무척 좋군요!)"가 있다.

- **for the fact that...** 은 '~하기 때문에' 라고 해석하면 된다.

- **get**이 위 예문에서는 '받다/수신하다' 는 뜻인데, 이에 기본적인 힌트는 당연히 AFKN이란 방송일 것이다.

A How much do you make?
얼마나 버니?

B I get about $100,000 a year, but the taxes are killing me.
연봉 100,000달러 정도 **버는데** 세금이 엄청 많아.

> 어휘
> 표현
> 설명

- 우리가 가장 흔히 알고 있는 '돈을 벌다' 라는 단어는 earn과 make란 동사다. 그와 마찬가지로 get도 '돈을 벌다' 라는 뜻이 있다.

- **kill**은 직접적으로 '죽이다' 는 의미이지만 특히 ~ing를 붙여 형용사로 사용하면 '부담이 많이 가다', '상대를 압도하다' 는 의미다. 예를 들어 테니스를 칠 때 "He's killing me with the backhand."를 직역하면 '그의 백핸드 스트로크가 나를 압도해.' 즉, '나는 매번 그의 백핸드 때문에 진다' 는 의미다.

> **영재의 문화 탐방**
>
> 한국에서는 매년 5월이면 소득세 신고를 하는데 미국에서는 4월 15일이 전년도 소득세 신고 마감일이다. 이 때는 거의 모든 사람들이 정신이 없다. 우체국도 이 날만은 자정까지 문을 연다. 신용으로 모든 것이 이루어지는 미국 생활에서 세금은 기본적이고 필수적인 의무다. 당연한 소리겠지만 미국에서도 소득이 많을수록 세금도 많아진다. 중류층의 경우 총소득액의 20~30퍼센트 가량을 세금으로 내는 데 비해 고소득층, 즉 연봉이 10만불(1억 3천만 원) 가량 되면 50퍼센트 정도가 세금이라고 보면 된다.
> 하지만 무조건 소득의 절반이 세금으로 나가는 것은 아니다. 한국에서도 특정 지출에 대해 공제가 되는 것과 마찬가지로 미국에서는 오래 전부터 각종 세금 공제 혜택을 제공하고 있는데, 은행에서 융자를 받아 집을 구입한 경우 그 융자금에 대해 매달 내는 이자에 대한 공제 혜택이 가장 대표적이다. 또한 각종 사회복지 단체에 기부금을 내거나 교회에 헌금을 내는 경우에도 세금 공제 혜택을 받을 수 있다. 이같은 세금 보고를 위해 기업은 세무사를 고용하고 있지만 개인 중에서도 따로 세무사를 두고 준비하는 사람들이 많다. 그래서 미국을 변호사가 가장 많은 나라라고들 하지만 회계사 숫자도 아마 세계 최고일 것이다.

24-1 Give

전부 다 드릴게요

He gave his car a hard kick.

그가 차를 세게 걷어찼거든.

Give는 → 1) '(무엇이든지) 주다' 라는 기본적인 개념에서 출발해 사전적 의미로 30가지 이상의 아주 다양한 뜻으로 사용되지만 여기에서는 기본 개념에서 벗어나 독특하게 쓰이는 용법인 → 2) '주최하다' → 3) '시인하다', 또는 상황에 따라 → 4) '때리다/치다' → 5) '대략' 의 뜻으로 쓰이는 경우를 살펴보도록 한다. 이제부터는 give를 단순히 '주다' 라는 의미로만 생각하지 말고 문맥 속에서 다양하게 사용될 수 있다는 것을 생각하자.

Ⓐ Mary is giving a surprise party for Peter. Do you want to come?
메리가 피터를 위한 깜짝 파티를 **연대**. 너도 올래?

Ⓑ I'd love to, but I have to work on a paper.
가고 싶기는 한데, 리포트를 써야 해.

| 어휘 |
| 표현 |
| 설명 |

- 파티 같은 모임을 '주최한다' 할 때는 위 대화같이 give를 사용할 수 있고, 또는 'Mary is having…' 처럼 말할 수도 있다. '주최하다' 는 뜻으로 hold를 사용할 수도 있지만 그때는 회의 같은 형식적이고 업무적인 모임을 뜻할 경우가 많다. 즉 같은 뜻이지만 사교적이거나 개인적인 모임을 '주최하다' 라고 할 때는 'give/have' 를 쓴다는 것을 기억하자.

- **surprise party**는 '깜짝 파티' 라고 하는데, 어느 경우에나 깜짝 파티를 열 수 있지만 특별한 언급이 없을 때는 '생일 파티' 라고 보면 된다.

- **paper**가 학업과 관련해 쓰일 때는 흔히 말하는 '리포트' 를 뜻한다.

- 이처럼 상대의 파티에 초청하거나 같이 가자고 제안했을 때 아주 정중하게 거절하는 화법으로 "I'd love to, but…", 즉 '꼭 하고 싶지만, 그러나……' 라는 표현을 아주 많이 쓴다. 이 표현은 토플 등 거의 모든 청취 시험에서 자주 언급되니 시험을 준비하는 분들은 잘 봐두면 좋을 것 같다. 물론 실생활에서 그런 표현을 쓰면 거절하는 경우다.

- 과제 따위를 '준비하다/쓰다' 는 work on이라고 표현한다. 한국에서 흔히 (학교) '리포트' 라는 의미로 쓰이는 정확한 영어 표현은 paper다. 영어에서도 report를 사용할 때는 '보고서' 라는 의미를 가지고 있다. 위 상황에서 '쓰다' 라는 의미로 write를 사용할 수 있지만, 그때는 글을 쓸 수 있는 거의 모든 자료 준비가 다 되어 있는 상태에서 서론, 본론, 결론의 구성을 마쳐 정말 본격적으로 그냥 쓰기만 하면 될 때다. 하지만 work on이라고 할 때는 자료 준비 등 '모든 과정' 이 포함된 경우를 의미한다.

CONVERSATION 2

A It's too late to go to the 10 o'clock show.
10시 영화를 보기에는 너무 늦은 것 같은데.

B O.K. I'll **give** you that, but we could still catch the midnight show.
그래, 나도 늦은 것은 **알아**. 그렇지만 12시 영화는 볼 수 있을 것 같은데.

|어휘|
|표현|
|설명|

- **show**는 TV에서 방영하는 토크쇼 및 가요 프로그램 등 우리나라에서 말하는 '프로그램'이란 뜻인데, 위 상황에서는 몇 시에 상영하는 '영화'를 뜻한다.

- B의 대화 'I'll give you that'이란 표현에서 어떤 상황인지 짐작할 수 있는데, 첫째는, B가 다시는 늦지 않겠다고 해놓고선 또 늦은 경우이거나 두 번째는 영화 보는 시간에 늦은 것이 자신의 책임이란 것을 시인하는 경우다.

- 이미 공부한 단어지만 catch가 '시청하다/보다'라는 뜻으로 쓰일 수 있음을 기억하자.

- 한국에서도 몇 년 전부터 주말에 심야영화를 상영하는 극장이 많아졌다. 미국에서도 평일에 가장 늦게 상영되는 영화가 대부분 오후 10시 전후에 시작되는데 주말일 때는 자정 전후에 시작된다. 그래서 그 영화를 'the midnight show'라고 부른다.

CONVERSATION 3

A How did Tom injure his foot?
톰이 어쩌다가 발을 다쳤니?

B He **gave** his car a hard kick when it broke down again yesterday.
어제 차가 또 고장이 나자 차를 세게 **걷어찼거든**.

|어휘|
|표현|
|설명|

- **injure**는 '부상당하다/다치다'라는 뜻으로 쓰이는데 같은 상황에서 hurt를 사용해도 무난하다. 단 hurt는 육체적인 상처를 받았을 때뿐만 아니라 정신적으로나 마음의 상처를 받았을 때 사용할 수 있다.

- 위의 give a kick은 기분이 나빠서 걷어찼다는 뉘앙스를 풍긴다.

- **break down**은 기계 같은 것이 고장나거나 망가졌을 때 쓰인다.

CONVERSATION 4

A How much did you pay for this rug?
이 카펫은 얼마 주고 샀어?

B I think it was five hundred dollars, give or take a few bucks.
500달러 **정도** 주고 산 것 같아.

- 한국에서는 겨울철에 방이나 마루의 일부에 까는 것을 카펫이라고 하는데 그에 해당되는 정확한 영어식 표현은 rug가 맞다. carpet은 우리나라의 장판처럼 바닥 전체에 까는 것을 말한다.

- **give or take**는 '대략/대충'의 뜻으로 주로 숫자 뒤에 덧붙여 쓰인다. 같은 의미로 'more or less'가 있음을 기억하고, '협조/상호 관계'를 뜻하는 'give and take'와 혼동하지 말자.

- **buck**은 실생활에서 주로 dollar를 의미하는 단어다.

24 - 2 Give

전부 다 드릴게요

Mr. Smith gave away all his wealth to the needy.

스미스 씨는 자신의 모든 재산을 가난한 사람들에게 기부했다.

    Give는 기본적인 의미가 수없이 많을 뿐만 아니라 다른 단어와 합성된 숙어로 다양한 뜻을 지니고 있다. 또한 같은 숙어라도 상황에 따라 의미가 변한다는 것을 염두에 두기 바란다. 실생활에 가장 많이 쓰이는 give와 관련된 숙어를 살펴보자.

✱give up [포기하다/그만두다]

✱give in [(유혹에) 넘어가다/굴복하다]

CONVERSATION 1

🅐 **John, I heard you gave up smoking.**
존, 담배 **끊었다**면서.

🅑 **Yeah, but I gave in to temptation and smoked one yesterday.**
응. 그런데 유혹에 **넘어가서** 어제 한 대 피웠어.

| 어휘 |
| 표현 |
| 설명 |

ⓑ 위에 상황에서 give와 관련된 give in과 give up이란 숙어의 의미는 상황상 반대가 된다. 일반적으로 give up이란 '~을 포기하다'는 뜻으로 사용되는데 위 상황에는 '그만두다/끊다' 라는 의미로 쓰였다. 하지만 give in은 'temptation(유혹)에 넘어가다 /굴복하다'로 해석된다. give in이 'demand(요구하다)'와 짝을 이뤄 나올 경우에는 '요구를 수락하다/받아들이다' 라고 해석한다.

영재의 문화 탐방

10년 전부터 미국에서는 금연하는 사람들이 늘고 있다. 금연운동의 확산과 건강에 대한 우려 때문에 금연자가 늘고 있는 것이다. 또한 간접 흡연(secondary smoking)에 대한 피해가 심각하다는 것이 알려지면서 1990년대 초반부터 대학교 캠퍼스(campus)의 실내에서 담배 피우는 것이 금지되었고, 5년 전부터 뉴욕과 같은 대도시에는 일반 식당에 있었던 흡연석/금연석의 구분없이 전체가 금연 구역이 되었다. 물론 금연 건물이나 금연석이 확장되면서 흡연가들도 담배 피우는 횟수가 줄어 이득이라 생각할 수도 있지만 금연 규제가 지나치게 심해지면서 흡연가들의 기본적인 인권이 무시되고 있다는 반박론도 있다. 아무튼 이러한 이유로 담배를 끊은 사람이 많다. 하지만 담배를 끊는 가장 큰 이유 중의 하나는 아마도 하늘 높은 줄 모르고 치솟고 있는 담뱃값 때문일 것이다. 불과 2~3년 전만 해도 3달러(3,300원) 정도 하던 것이 지금은 5달러(5,500원)가 넘는다. 담배 원자재 가격이 상승했다기 보다는 담배에 부과되는 세금 인상으로 인해 담뱃값이 상승한 것이다.

*give out [분배하다/배포하다/망가지다]

이것은 '배포하다/분배하다'가 직접적인 뜻이지만, 아래 상황처럼 '망가지다'라는 뜻도 있다.

A What's wrong with your car?
차에 말썽이 생겼어?

B The transmission gave out.
변속기가 **망가졌어**.

- **transmission**은 '자동차 변속기'를 뜻한다. 변속기 중에서는 한국 사람들이 흔히 '오토'라고 하는 'automatic(자동)'과 스틱이라고 하는 'manual(수동)' 변속기가 있다.

*give away [기부하다/저렴하게 팔다/누설하다/ 신부를 신랑에게 인도하다]

A Before he died, Mr. Smith gave away all his wealth to the needy.
스미스 씨는 죽기 전에, 자신의 전 재산을 가난한 사람들에게 **기부했다**.

- 위 상황에서는 wealth란 단어로 인해 give away가 '기부하다'로 해석될 수 있다. wealth가 '부'로 해석될 수 있지만 여기서는 '재산'을 의미한다.

- '가난한 사람'을 poor으로 쓸 수도 있지만, '도움이 필요한 사람'이란 뜻으로 needy를 사용해도 의미가 같다. the needy는 'the+형용사'의 형태로 needy people의 의미다.

SENTENCE

B **Macy's is having its annual Christmas sale, and practically giving everything away.**

메이시스 백화점이 연중 크리스마스 세일을 하는데, 모든 상품을 아주 **저렴하게 판매한다**.

- **practically**는 '실질적으로/거의'란 의미로 쓰이며 유사어로 literally를 사용할 수 있다.

- 여기서 give away는 '저렴하게 판매하다'라는 의미인데 sale(세일)이란 단어가 앞에 언급되어 있기 때문이다.

SENTENCE

C **Emily said that she wasn't mad, but her facial expression gave her away.**

에밀리는 자신이 화나지 않았다고 말했지만, 표정에 **그대로 드러나 있었다**.

- **mad**는 일상생활에서 여러 의미로 쓰인다. 사전을 찾아보면 '미친/열광적인'이란 의미도 있지만 위 상황에서는 '화난/골이 난'이란 뜻으로 쓰인다.

- **expression**은 '표현'이란 뜻이지만 facial(얼굴의)과 같이 쓰이면 '표정'이란 의미다.

- 대화에서 give away는 얼굴 표정에서 '속마음을 드러내다'는 의미로 사용되고 있다.

 **SENTENCE**

D **Remembering her late father, everyone started to cry when Helen was given away by her brother.**
헬렌이 오빠에 의해 신랑에게 **인도되었을** 때, 모두가 돌아가신 아버지를 생각하면서 울기 시작했다.

▶ 일반적으로 late는 '늦은' 이란 뜻으로 알고 있을 것이다. 하지만 위 상황에서는 아주 특별하게 '작고한' 이란 뜻으로 쓰인다.

Go 25-1

늘 어딘가로 가고 있어요

Go ask your father.

아빠에게 가서 여쭤보아라

　　Go는 기본 동사로서 → 1) '~로 가다'가 기본적인 개념이지만, 여기에서는 조금 벗어나는 용법을 살펴보자. 먼저, 생활영어에서는 → 2) go와 and를 사용하면 목적을 나타내거나 상대방에게 지시를 내리는 경우다. "Go and get me today's paper!(신문 좀 사 오너라)"라고 할 때 미국 영어에서는 동사 사이의 and를 빼고 사용할 수도 있다.

CONVERSATION 1

Ⓐ **Mother, can I go to a slumber party at Susan's?**
　　엄마, 수잔네에서 하는 파자마 파티에 **가도** 돼요?

Ⓑ **It's O.K. with me, but go ask your father.**
　　나는 괜찮은데 아빠에게 **가서 여쭤보아라**.

> 어휘
> 표현
> 설명

⑩ 파자마 파티(slumber[선잠을 자다]+party)는 주로 10대 초반 여자아이들이 친구 집에 모여 주변 친구들의 소문거리(gossip)를 화제삼아 밤을 지새우며 노는 것을 말한다. 이 파티 또한 생일 파티와 마찬가지로 친하고 인기 있는 친구들을 초대하기 때문에 친구들 사이의 인기도를 가늠할 수 있다.

 **CONVERSATION 2**

Ⓐ **How did your date with Tom go?**
톰과 데이트한 것 어땠어?

Ⓑ **Oh, it went great.**
응, 아주 잘 **되었어**.

> 어휘
> 표현
> 설명

⑩ 위 문장에서 go는 '진행되다/~으로 되다' 의 의미로 쓰인다.

 **CONVERSATION 3**

Ⓐ **Why were you late for work this morning?**
오늘 아침 회사에는 왜 늦었니?

Ⓑ **I had to take my car to a garage because my brakes went out.**
브레이크가 **고장이 나서** 정비소에 가야 했거든.

| 어휘 |
| 표현 |
| 설명 |

🔊 **garage**는 '정비소'라는 뜻으로 쓰였다. 물론 garage가 '차고'라는 뜻이 있다는 것을 많은 사람들이 알고 있을 것이다. 그런데 실제로 미국에서는 집에 있는 garage에 차만 두지 않고 집안에서 쓰지 않는 온갖 잡동사니 물건을 이곳에 두기도 한다. 심한 경우에는 차가 있어야 할 garage 안에 살림살이가 너무 많아 차를 garage 밖에 두는 경우도 있다. 그래서 쓰지 않는 물건들을 집 앞마당에 늘어놓고 파는 것을 garage sale이라 부른다.

🔊 대화 3에서 go의 용법은 기계 따위의 기능이 '가버리다'라는 개념에서 '망가지다/부서지다'는 의미다.

영재의 문화 탐방

차가 고장난 경우 흔히 자동차 정비소의 개념으로 car center에 간다고 하지만 정확한 영어 표현은 garage, repair shop 또는 service station이다. service station은 gas station(주유소)이라고도 하는데 한국에서도 그렇지만 큰 주유소에서 자동차 정비를 겸하기 때문에 생긴 말이다. 한국 주유소와 미국 주유소의 가장 큰 차이점은 인건비가 비싼 미국에서는 주유소에 가면 자신이 직접 휘발유를 넣어야 한다는 것이다.

지불 방식은 지역마다 다른데 뉴욕 같은 대도시에서는 선불제이고 조금 한가한 주거지나 소도시는 후불제로 돈을 지불한다. 그리고 휘발유를 직원이 직접 넣어주는 곳도 있다. 그럴 경우에는 아주 시골이어서 자가 주유(self-service)시설이 갖춰지지 않은 곳이거나 자가 주유(self-service)와 완전 서비스(full-service)를 같이 제공하는 곳인데, 만약 self-service가 있지만 full-service를 택하면 휘발유 값을 더 비싸게 받는다. 그리고 많은 여성 운전자들이 자동차에 대해 잘 모르는 것을 악용해 정비사(mechanics)들이 지나치게 수리비를 청구하는 것은 한국이나 미국이나 마찬가지다.

＊go+형용사 [~되어가다]

CONVERSATION 4

🅐 **Let's have fish for dinner!**
저녁에 생선 먹자!

Ⓑ I'm afraid we can't. It has gone bad.
안 될 것 같은데. **상한** 것 같아.

어휘
표현
설명

- **go**가 형용사와 함께 쓰이면 '~되어가다' 라는 뜻으로 해석되는데 특히 부정적인 표현이 된다. 예를 들어 to go bald(대머리가 되어가다)/ to go blind(시력을 잃게 되다)/ to go mad(화가 나다)가 있다. 위 문장의 go bad는 '나쁘게 되다/상하게 되다' 의 의미다.

Let me have a go.

내가 한번 해보지.

Go | 25 - 2

늘 어딘가로 가고 있어요

Go와 관련된 숙어는 비교적 직접적인 의미로 해석되며 그 수도 셀 수 없을 만큼 많다. 그러나 이 모든 숙어를 다 외우면 그만큼 인생이 고달파지지 않을까. 그래서 여기서는 go와 관련된 몇몇 숙어들이 어떤 의미로 쓰이는지 보면서, 앞으로 go와 관련 숙어가 나오면 상황에 따라 적절하게 그 의미를 해석해보는 적응력을 키우도록 하자.

*in one go [한번에(단숨에)]

SENTENCE

A **John was so eager to see Helen that he made the four-hour trip in one go.**
존은 헬렌이 너무 보고 싶어서 4시간 걸리는 거리를 **단숨에** 갔다.

ⓘ 예문 A의 in one go라는 숙어를 '단숨에'의 의미로 해석한 것은 so eager to see, 즉 '너무 싶어서……' 라는 뜻에서 그 힌트를 얻었다.

- **make a trip**에서 make란 동사가 조금 독특하게 쓰이고 있다. make란 동사가 '가능하게 하다' 는 뜻이므로 make a trip은 '완주하다' 라는 의미다. 또한 trip은 '여행' 이란 뜻으로 많은 사람들이 알고 있는데, 이 뜻 외에도 예문 A와 같이 '특정 목적지에 가다' 는 뜻으로 실생활에서 많이 사용된다.

★have a go [시도하다]

Ⓐ I can't open the front door.
앞문이 열리지 않아요.

Ⓑ Let me have a go.
내가 한번 **해보지**.

어휘	
표현	
설명	

- 상대가 앞문을 열지 못한다는 말을 했다면 당연히 have a go는 '시도하다' 의 뜻으로 해석할 수 있다.

★have a go at someone [비판하다, 꾸중하다]

 SENTENCE

Ⓑ The boss had a go at Tom for his constant lateness.
톰의 상관은 톰의 상습적인 지각을 **나무랐다**.

◐ 지속적인 지각(constant lateness)이라는 부정적인 표현 때문에 숙어 역시 부정적인 의미라는 것을 알 수 있다.

✱go through [(법안 따위가) 통과되다, 합의하다]

이 숙어는 '~을 다 마치다/수행하다'는 뜻이 발전해 (법안law 따위가) '통과되다/합의서(contract)에 합의하다'는 뜻이 된다.

Ⓐ How did the personal injury settlement talk with Greenberg & Jacobson go?
그린버그 앤 제이콥슨과의 인사 상해 합의가 어떻게 되었니?

Ⓑ The deal **went through** without a glitch.
아무런 문제없이 **합의되었어**.

어휘
표현
설명

◐ **personal injury**를 직접적으로 해석하면 '개인적인 부상'이다. 즉 차 사고나 사고로 개인이 입은 인사 상해를 뜻한다.

◐ **settlement**는 '정착지'라는 뜻도 있지만 위 문장에서는 '합의'라는 뜻으로 쓰이고 있다.

> ▶ 영재의 문화 탐방
>
> 미국에서 변호사란 직업은 썩 좋지 않은 이미지를 가지고 있다고 여러 번 언급했는데, personal injury case(인사 상해 사건)를 전문적으로 하는 변호사들의 인식이 특히 좋지 않다. 몇 해 전에 맥도널드 햄버거 가게에서 어느 손님이 뜨거운 커피를 마시다가 혀를 데어 합의금으로 20만 달러 이상을 받은 사건이 있었다. 이와 같이 우리가 보기에는 아주 사소한 일인데도 변호사들이 소송을 걸어 돈을 벌려고 한다는 인식 때문에 변호사를 파렴치한 직업이라고 생각한다. 교통사고 장소에 경찰과 앰뷸런스가 가장 먼저 도착하는데, 요즈음은 그 앰뷸런스 뒤에 변호사가 쫓아다닌다고 해서 변호사를 ambulance chaser라고 비아냥조로 부르기도 한다.

✶go through [경험하다]

'(고생 따위를) 경험하다.' 똑같은 숙어도 상황이 바뀌면 다른 의미로 쓰이기도 한다.

CONVERSATION 3

Ⓐ Boy! Terry looks worn out.
어이구, 테리가 몹시 지쳐 보이는데.

Ⓑ After what she had to go through, who wouldn't?
그녀가 겪은 **고생을 그대로 한다면**, 누군들 그렇지 않겠어?

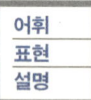

▶ **boy**는 '소년' 이라는 뜻이 아니라 구어체에서 놀람, 경멸, 즐거움 따위를 나타내는 감탄사라고 보면 된다.

✶go through [세밀히 ~을 조사하다]

이 숙어는 '뒤지다' 라는 의미와 '세밀히 ~을 조사하다' 는 의미로도 사용된다.

CONVERSATION 4

Ⓐ Why is Jane so mad?
제인이 왜 그렇게 화가 났어?

Ⓑ Her boyfriend went through her diary when she was out walking her dog.
강아지를 산책시키고 있는 동안에 남자친구가 그녀의 수첩을 **뒤졌거든**.

| 어휘 |
| 표현 |
| 설명 |

🔟 한국에서도 대부분 애완용 개를 실내에서 키우기 때문에 때(?)가 되면 개를 밖으로 데리고 나가 볼일을 볼 수 있도록 해주는데 미국도 마찬가지다. 그렇게 개를 데리고 나가는 것을 영어로 'walking a dog'이라 표현한다. 요즘에는 시간이 없는 개주인들을 위해서 대신 개를 산책시켜주는 전문 직종이 생겼다고 한다.

26-1 Hand
손으로 다 해요

The debate strengthened Bush's hand.

그 토론회가 부시에 대한 주가를 올렸던데.

Hand는 (손으로) 할 수 있는 모든 행동/동작이라고 보면 된다. 그래서 → 1) '(손으로) 건네주다/넘겨주다', 명사로는 → 2) '손' → 3) '(시계의) 바늘'의 뜻이 있다. 그 중에서도 일반적인 연상에서 약간 벗어난 대표적인 세 가지 용법을 살펴보도록 하자.

CONVERSATION 1

A I can't seem to get this problem solved.
이 문제가 해결될 것 같지가 않아.

B Do you need a **hand** with it?
도움이 필요해?

> 어휘
> 표현
> 설명

▶ **solve**(해결하다)가 언급될 때는 항상 문제(problem)란 단어가 뒤따른다. 또한 위

상황은 학업과 관련된 문제를 의미하지만 problem은 '고민' 이란 뜻도 있고, 또 '그 고민을 해결하다' 는 뜻으로 solve를 사용할 수 있다.

▶ 토플이나 토익 같은 청취시험에서 많이 나오는 표현 중의 하나가 '도움을 주거나 받는다' 는 뜻으로 'need/give/lend a hand' 가 쓰인다. 한 가지 기억할 것은 hand 앞에 the란 관사가 붙을 때는 어느 동사가 붙더라도 '손' 이란 의미다.

A **How's this year's harvest?**
올해 수확이 어떤 것 같아?

B **As usual, we are short of hands.**
늘 그렇듯이, **일손**이 부족하지.

▶ **How...?** (~는 어떤 것 같아?)라는 질문에 별일 없다고 할 때는 'As usual...' 로 시작하면 아주 자연스럽게 대화가 연결될 수 있다.

▶ **harvest**는 '추수/수확' 이란 의미다. short of는 '모자라다' 로 해석되어 '추수하는 데 모자란다' 는 뜻이므로 문맥상 hands는 '일손' 이나 '도움' 의 뜻이다.

A **Did you watch the presidential debate?**
대통령 후보들의 토론회 봤어?

B **Sure, it seems that the debate strengthened Bush's hand.**
물론, 그 토론회가 부시에 대한 **주가**를 올렸던데.

어휘
표현
설명

- 미국에서는 선거 때가 되면 으레 후보자들끼리 TV 토론회를 갖는다. 그 전통은 1960년 대선 때 케네디 대 닉슨(Kennedy-Nixon)의 TV 토론에서 비롯되었다. 아주 치열한 선거전을 치르고 있는 중에 근소한 차이지만 Nixon이 앞서 있는 시점에서 대선 토론(presidential debate)을 하게 되었는데, 토론회를 지켜본 미 국민들은 실제 토론의 내용보다는 Nixon의 딱딱한 이미지(image)에 비해 TV 화면에 비친 Kennedy의 카리스마(charisma)에 완전히 압도당했다. 결국 아슬아슬한 표차로 Kennedy가 대통령으로 당선되었다. 그 이후로 이 presidential debate뿐만 아니라 하원/상원의원 선거전에도 TV 토론이 당연시되었다.

- 위의 대화에서 strengthen(강하게 한다)~+hand(입장)는 '입장을 강화시킨다' 는 의미로 쓰이고 있다.

영재의 문화 탐방

2000년도 미국 대통령 선거는 미국뿐만 아니라 전 세계를 한동안 떠들썩하게 한, 유례가 없을 정도로 막상막하의 선거였다. 한 가지 흥미로운 것은 선거에 대한 판정이 누구를 지지하느냐에 따라 견해가 많이 다르다는 점이다. 미국의 대통령 선거에서는 후보자가 마음에 들어 특정인물에게 투표하는 사람들도 있지만 대부분의 경우 자신이 지지하는 당에서 선출한 후보자에게 투표하는 경우가 많다.

그래서 특정한 후보자나 정치가들의 성향을 알기 전에 미국의 대표적인 양당의 정책 차이를 알고 있으면 미국 시사 관련 뉴스를 보고들을 때 많은 도움이 된다.

먼저, 보수당인 공화당은 국민의 세금을 줄여 경기를 활성화시켜 정부의 영향력을 최소화하려는 것이 정책의 기본이다. 그에 반해, 진보당인 민주당은 세금을 징수하여 저소득층을 위한 복지정책을 펴는 것이 기본 정책이라고 할 수 있다. 또한 공화당은 프로 라이프(pro-life : 낙태 반대), 민주당은 프로 초이스(pro-choice : 낙태 찬성) 성향인데, 요즘은 두 정당에 불만이 많아 independent, 사전적인 의미로 무소속, 즉 어떤 정당도 지지하지 않는 사람들이 많아지고 있다. 이들의 표의 향방에 따라 선거 결과가 좌우되기도 하는데 일부 후보들 중에는 소속 정당의 정책과 상관없이 극단적인 두 정당 정책의 중간 개념(moderate)을 선택하는 후보들이 늘고 있는데, 클린턴 전 대통령이 민주당 소속이면서도 중도 정책을 선택한 대표적인 인물이다.

손으로 다 해요　　Hand　26 - 2

I have my hands full with assignments.

과제 때문에 바빠.

Hand와 관련해 일상생활에서 자주 사용되는 숙어들을 살펴보자.

✱have one's hands full [바쁜]

have one's hands full은 '손에 무언가 가득 차다'이다. 그래서 지금 어느 것도 할 수 없다는 '바쁜' 의미가 담겨 있다. 또한 이 숙어 뒤에 내용이 이어지려면 with란 전치사가 필수적으로 연결되어야 한다.

137

CONVERSATION 1

A You look very busy these days.
요즘 꽤 바쁜 것 같아.

B Yeah, I have my hands full with assignments.
응, 과제 때문에 **바빠**.

| 어휘 |
| 표현 |
| 설명 |

▶ 우리가 흔히 '숙제/과제' 란 뜻으로 homework를 기억하고 있지만 대학교에서는 과제물을 표현할 때 homework보다는 assignment를 더 많이 사용한다.

*one's hands are tied [(규율/규칙/시간적으로) ~을 할 수 없는]

이 숙어는 상황상 어쩔 수가 없어 무언가를 못한다는 의미로 쓰인다.

CONVERSATION 2

A How come John isn't helping Mary?
왜 존이 메리를 돕지 않지?

B He wants to help her, but his hands are tied.
그는 그녀를 도와주고 싶었지만, **어쩔 수가 없나 봐**.

| 어휘 |
| 표현 |
| 설명 |

▶ **How come**은 실생활에서 '왜?' 라는 의미로 아주 많이 쓰이는 표현이다. 물론 같은 뜻으로 Why를 사용할 수 있지만 뉘앙스상 '왜 ······ 그러는데?' 라는, 약간 직접

적인 의미가 있기 때문에 상대의 기분을 상하게 하지 않으려는 의도로 'How come?' 이란 표현을 사용한다.

*secondhand [중고]

secondhand는 '간접적으로' 라는 뜻이 있지만, 물건에 대해서는 '중고' 라는 뜻이다.

A Nice coat, it must have cost a fortune!
코트 좋아 보이는군. 비싸게 주고 샀겠는데!

B Not at all! It's a **secondhand** ; I bought it at the thrift shop.
아냐, **중고야**. 재활용 센터에서 샀어.

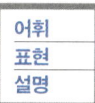

- **cost**는 명사형으로 '비용' 이란 뜻이 있지만 동사형으로 사용될 때는 '비용이 들다' 라는 의미다.

- **fortune**이 '운' 이라는 뜻도 있지만 '많은 돈' 을 의미하기도 한다.

- **thrifty**는 '검소한/절약하는' 이란 의미지만 뒤에 shop(가게)이 이어지면 표현 전체의 의미는 '중고상' 이다.

> **영재의 문화 탐방**

일반적으로 남이 입던 헌 옷을 사 입는다는 것은 주머니 사정이 별로 좋지 않은 때라고 생각할 수 있다. 하지만 일부 미국 젊은이들 중에는 남이 입거나 쓰던 물건을 사는 것은 그들만의 패션 감각(fashion sense)에서 비롯된 것이라고 여긴다. 이런 개성파들의 취향을 충족시켜주는 곳으로 뉴욕의 소호(Soho)나 그리니치 빌리지(Greenwich Village)를 들 수 있는데, 그곳에는 중고 물건들만 취급하는 가게(thrifty shop)들이 많이 모여 있다.

새 옷에 비하면 다소 가격이 싼 편이긴 하지만 그리 저렴하지 않은데도 이런 패션이 인기 있는 것은 유행에 따라 같은 스타일의 옷을 사입는 기성복의 획일성에서 벗어나 나만의 개성을 강조할 수 있다는 점에서 대학생들뿐만 아니라 자기만의 멋을 주장하는 뉴욕의 멋쟁이들이 많기 때문이다. 요즘은 이 또한 남들이 다 하는 유행이라고 다소 인기가 수그러들었지만 아직도 이런 식으로 옷을 입고 다니는 젊은이들이 많다.

최근까지 우리나라에서 꽤 인기 있던 힙합패션 역시 70년대 미국에서 유행하던 통이 넓은 부모님 세대의 옷이 이런 재활용 센터를 통해서 세계적인 유행이 된 것이라 볼 수 있다. 뉴욕처럼 재활용 가게가 보편화되지 않은 곳에서는 일주일에 한 번씩 벼룩시장(flea market)이 열리는데, 시장이 활성화된 곳에는 중고 물건들의 거래가 이루어진다.

***hand-me-down** [물려받은 옷/물건]

CONVERSATION 4

A You look gloomy today. What's wrong?
기분이 안 좋아 보인다. 무슨 일이야?

B I'm sick of wearing hand-me-downs from my brother.
형에게 **물려받아** 입는 것이 지긋지긋해.

> 어휘
> 표현
> 설명

- 사전적으로는 gloomy는 '어두운/우울한' 이란 의미지만 실생활에서는 이런 부정적인 의미보다는 '침울한/짜증난' 으로 해석하면 된다. 또한 일상생활에서 gloomy는 날씨와 관련된 상황에서는 '먹구름이 가득한' 이란 의미다.

*hands down [쉽게]

Ⓐ **Which team do you think will win the game?**
누가 시합에 이길 것 같니?

Ⓑ **That's an easy one. The Yankees will win the game hands down.**
그야 당연하지. 양키즈 팀이 그 게임을 **쉽게** 이길 거야.

> 어휘
> 표현
> 설명

- **That's an easy one.** 은 '대답하기 쉽다' 는 의미다. 더 정확하게 표현하면 'That's an easy question to answer.' 인데 실생활에서는 위의 대화처럼 짧게 줄여서 사용한다.

27 - 1 Heart

심장이 가슴에 있죠?

I left my heart in San Francisco.

나는 내 사랑을 샌프란시스코에 두고 왔다.

Heart는 원래 → 1) '심장' 이란 뜻이지만 실생활에서는 의학분야를 제외한 대부분의 경우 심장의 파생적인 의미로 → 2) '마음(씨)' → 3) '사랑/애정' 을 의미하기도 한다. 그리고 → 4) '용기' 라는 뜻도 있는데, 우리가 용기 있고 담대한 사람을 가리켜 '강심장' 이라고 하듯이, 언어는 달라도 인간의 느낌은 같은가 보다.

CONVERSATION 1

A Joan said she was going to the party after all.

조안은 결국 그 파티에 가기로 했대.

B What made her have a change of **heart**?

왜 **마음**이 바뀌게 되었어?

| 어휘 |
| 표현 |
| 설명 |

- **after all**은 숙어로 '결국/드디어' 라는 의미다. 애초의 생각과 반대의 결과일 때 주로 사용한다.

- 위 대화에서 heart가 '마음' 을 뜻한다고 생각할 수 있는 것은 상대가 '결국 파티에 간대' 로 해석되기 때문이다.

CONVERSATION 2

A Look at the present Jessica bought you!
제시카가 너에게 사준 선물을 봐!

B I know! She really has a heart of gold.
알고 있어! 그녀는 정말 너그러운 **마음씨**를 지녔어.

어휘
표현
설명

- 지면상으로는 다소 파악하기 어렵지만, A의 대화가 감탄사로 끝나는 경우에는 '야, 이것 한번 봐라!' 는 의미로 '놀랍다!' 는 느낌을 표현한다.

- **heart of gold**는 글자 그대로 '금으로 된 심장' 으로 해석되지만 위 상황에서는 너그럽고 자상한 마음씨를 나타낸다.

CONVERSATION 3

A Did you break the news to John?
존에게 그 소식 전해주었니?

B No, I didn't have the heart to say it.
아니, 그것을 말할 **용기**가 없었어.

어휘
표현
설명

- **break the news**는 '~에게 소식을 알리다' 라는 뜻인데 특히 나쁜 소식을 전달하는 경우에 이 표현을 사용한다. 일상생활에서 이와 유사한 표현을 자주 접할 수 있는데 그 중 하나가 'breaking news' 란 표현이다. 이는 '속보' 라는 의미로 TV나 라디오 방송에서 들을 수 있다.

- **didn't have the heart**는 '차마 그 말은 못 하겠다' 라는 의미다. 이 표현을 기억해두면 실생활에서 아주 유용하게 사용할 수 있다. 굳이 heart를 우리말로 해석하면 '용기' 란 뜻인데 가장 유명한 예로 몇 년 전 멜 깁슨(Mel Gibson)이 주연/감독한 「브레이브하트(Braveheart)」란 영화 제목을 들 수 있다.

CONVERSATION 4

A What's your favorite song?
제일 좋아하는 노래가 뭐야?

B It must be Tony Bennett's "I Left My Heart in San Francisco."
토니 베넷의 '나의 **사랑**을 샌프란시스코에 두고 왔다' 야.

어휘
표현
설명

- **It must be**는 '~임에 틀림없다' 로 해석할 수 있다.

- 여기의 heart는 옛날의 애정과 마음을 복합적으로 의미하고 있는데 간단하게 사랑으로 해석한 것이다. 그래서 '사랑하는 마음을 두고 왔다' 로 해석한다.

영재의 문화 탐방

위 문장은 Tony Bennett이라는 유명한 가수가 부른 노래 제목이다. 이 노래는 태평양변에 있어 풍경이 아름답고 화창한 날씨로 전 세계인들에게 사랑받는 샌프란시스코의 아름다움을 묘사해, 1969년에 샌프란시스코의 도시가(city song)로 지정되기도 했다. 그만큼 이 노래가 San Francisco란 도시를 유명하게 만들었다. 이 도시는 우리가 잘 아는 금문교(Golden Gate Bridge)로도 유명하지만, 도시 전체가 빅토리아 시대의 건물(Victorian houses)에서부터 최근의 초현대적인 건물에 이르기까지 시대의 흐름을 고스란히 간직한 채 조화를 이루고 있다. 즉 과거와 현대가 잘 어우러져 있다고 생각할 수 있다.

여러 도시들 중에 문화적으로나 사회적으로 미국 동부를 대표하는 도시로 뉴욕(New York)을 떠올린다면 서부의 문화를 대표하는 도시로는 San Francisco를 꼽을 수 있을 것이다. 이 두 도시의 공통점이 있다면 거의 같은 시기에 미국 최초로 게이 문화가 형성되어 지금까지도 그들 문화의 중심지 역할을 하고 있다는 점이다.

휴식 코너 3

영어를 좀 한다는 사람들은 주변에서 어떻게 공부를 해야 빠른 시일 내에 영어를 잘할 수 있는지 그 비결을 가르쳐 달라는 질문을 받은 적이 한두 번은 있을 것이다. 필자 또한 이러한 질문을 종종 받는다. 그러면 여러 시간에 걸쳐 영어에 대한 두려움을 없애고 아주 열심히 하는 것이 제일 좋은 방법이라고 대답해준다. 하지만 그래도 비법이 있지 않겠느냐는 질문을 다시 받게 된다. 필자가 모르는 비법이 있을지 모르나 언어 습득방법은 개개인에 따라 아주 다르다고 생각한다.

누구나 똑같은 방법으로 언어를 습득할 수도 없고, 아무리 같은 방법으로 연마를 한다 해도 그 결과는 똑같지 않으리란 것이 필자의 생각이다. 즉 필요에 따라 자신에게 맞는 적절한 방법을 선택해야 한다. 만약 외국인이 한국말을 빨리 잘 배울 수 있는 비법이 무엇이냐고 물어본다면 여러분은 어떻게 대답하겠는가? 아마 필자의 대답과 똑같이 대답하게 될 것이다.

영어 공부를 좀더 수월하게 하기 위하여 한국의 영어 학원에서는 Pop English나 Screen English 등의 이름으로, 여러 대중 매체를 이용하여 교육하는 것을 보았다. 물론 딱딱한 영어에 좀더 흥미를 가질 수 있도록 하는 데는 어느 정도 도움이 되겠지만 실력 향상에는 한계가 있다고 생각한다.

가령 어느 미국인이 한국말을 배우기 위해 비싼 수강료를 지불하면서 학원에 등록해 요즘 나오는 인기 가요를 들으면서 한국말을 배운다면, 여러분은 그것이 아주 좋은 방법이라고 말해줄 수 있겠는가?

이와 달리, 토플 등 시험 과목을 가르칠 때 시험을 잘 볼 수 있는 가장 효율적인 방법을 제시하면 일부 학생들은 찍기식이라고 거부 반응을 보일 때가 있다. 여기서 한국 학생과 미국 학생들의 시험에 대한 견해 차이가 나타난다. 미국에서는 입시는 단지 시험이기 때문에 시험 공부가 곧 학문의 연마라고는 생각하지 않는다. 그에 비해 한국 학생들은 시험 공부를 학문 연마하듯이 하는 것을 많이 보았다.

결론적으로, 영어의 말하기나 듣기는 노력 이외에는 달리 비법이 없음에도 그와 관련된 말장난 같은 영어 지침서는 잘 팔리고 있는 반면, 정작 효율적으로 공부해야 할 수험 영어는 아주 원시적으로(?) 준비하는 한국 학생들의 모순된 모습을 본다.

27-2 Heart 심장이 가슴에 있죠?

He really has became the heart and soul of the Rangers.

그는 레인저스 팀에선 없어서는 안 될 핵심 인물이 되었어.

Heart와 관련해서 실생활에서 자주 쓰이는 숙어를 살펴보기로 하자.

★ set one's heart on something [~에 대해 결심하다]

이 숙어는 '~에 대해 마음을 정하다/결심하다' 는 의미인데 주로 다음 대화의 '일단 결심하면 알지?' 처럼 'you know him/her when…' 의 형태로 자주 쓰인다.

 **CONVERSATION 1**

🅐 **So, do you think Angela is going to finish the marathon?**
그래, 안젤라가 마라톤을 완주할 거라고 생각하니?

🅑 **Of course, you know her when she sets her heart on something.**
물론이지. 그녀가 일단 **마음을 굳게 먹으면** 어떻다는 걸 알잖아?

| 어휘 |
| 표현 |
| 설명 |

◉ **So, do you think?** 라는 의문문의 의도는 '그래, ~을 어떻게 생각하니?' 다.

*at heart [마음속으로는]

Ⓐ I don't think Steve loves me anymore.
스티브는 더 이상 나를 사랑하지 않는 것 같아.

Ⓑ That's not true. He still loves you at heart.
그렇지 않아. **마음속으로는** 아직도 너를 사랑해.

| 어휘 |
| 표현 |
| 설명 |

◉ **anymore**은 '더 이상'이란 뜻으로, 내용상 부정적인 상황에 쓰인다. 같은 상황에서 유사어 'no more'를 쓸 수도 있다.

◉ '마음속으로'를 영어로 말해보라고 하면 많은 사람들이 'in heart'라고 할지 모르겠지만 애석하게도 그런 표현은 영어에 없다. 'at heart'가 옳은 표현이다. in이란 전치사를 쓰려면 'in one's heart'라고 해야 된다. 위 대화처럼 'He still loves you in his heart'도 같은 의미다.

*by heart [암기하다]

토플/토익의 청취 시험에서 이 숙어가 응용될 때는 "I memorized my lines by heart.(나는 연극 대본을 다 외웠다)"로 사용한다.

CONVERSATION 3

A **Are you prepared for the exam?**
시험 준비 다 되었어?

B **Yeah, I know the materials by heart.**
응, 시험에 나올 만한 것들은 다 **외우고 있어**.

| 어휘 |
| 표현 |
| 설명 |

- '준비되다' 라는 뜻으로 prepare를 쓸 수도 있고, ready를 사용할 수도 있다.

- 초·중·고등학교까지는 학교에서 보는 시험을 일반적으로 test라고 하지만 대학교에서는 exam(examination)이란 단어를 사용한다.

- **material**이란 단어를 '물질'이란 뜻으로 배우지만 실생활에서는 '자료/소재' 등의 의미로 쓰인다.

***heart and soul** [핵심 요소]
미국인들은 인간에게 심장과 혼(soul)이 가장 기본적인 요소라고 생각한다. 그래서 heart and soul은 '핵심 요소'로 해석되고 '~의 핵심 요소'라고 할 때는 전치사 of 와 함께 쓰인다.

CONVERSATION 4

A **What a season Chan Ho Park is having!**
박찬호 선수에게는 정말 대단한 시즌이야.

B **That goes without saying. He really has became the heart and soul of the Rangers.**
두말하면 잔소리지. 그는 이제 레인저스 팀에선 없어서는 안 될 **핵심인물**이 되었어.

> 어휘
> 표현
> 설명

◎ **What a+명사!** '~이 대단해!' 라는 감탄사로 아주 많이 쓰이는 표현이다.

◎ **That goes without saying**은 '~은 말할 필요도 없다' 라는 뜻이다. 청취 시험에서 단골로 나오는 표현이니 기억해두는 것이 좋다.

영재의 문화 탐방

미국 프로야구 시즌(Major League Baseball)에 우리나라의 박찬호 선수가 거의 모든 주요 투수 부문에서 10위권 안에 드는 좋은 성적을 거뒀다. 현재 메이저 리그(Major League)에서 활약하는 300여 명의 우수한 투수들 중에서 이런 기록을 가지고 있다는 것은 참으로 경이로운 일이다. 실제로 많은 한국 선수들이 메이저 리그에 입성하기 위해 엄청나게 노력하고 있다. 사실 마이너 리그(Minor League)에서 메이저 리그로 뽑히기도 힘들지만, 설령 뽑혔더라도 좋은 선수가 되는 것은 하늘의 별따기처럼 어렵다.

메이저 리그가 총 30개팀, 마이너 리그는 176개팀이다. 그 중 투수가 3천여 명이라는 것을 생각하면 박찬호의 성적은 정말 대단한 성과라고 할 수 있다. 그리고 마이너 리그는 단순히 선발되지 못한 2군 선수 정도라고 생각하기 쉽지만, 지난번 시드니 올림픽에서 우리나라의 프로야구팀인 드림팀을 두 번이나 이긴 것도 마이너 리그팀이었으니 실력면에서는 결코 만만치 않다고 할 수 있다.

28-1 Hold
잠깐만요

The party will be held in the community center.

지역 회관에서 열 생각이야.

Hold는 우리가 흔히 알고 있는 것처럼 → 1) '잡다/쥐다' 라는 기본적인 의미에서 응용되어 물건을 잡는 것 이외에 → 2) '~에 대한 생각이나 의견을 가지고 있다/주장하다' 의 의미로도 사용된다.

 **CONVERSATION 1**

Ⓐ I heard Susan had a son.
수잔이 아들을 낳았다면서?

Ⓑ Yeah, she was so happy that she cried when she was holding her baby in her arms for the first time.
응, 너무 기뻐서 맨 처음 아들을 두 팔에 **안았을** 때 그녀가 울더군.

| 어휘 |
| 표현 |
| 설명 |

- **have**(소유하다)란 아주 기본적인 동사지만 상황에 따라 여러 가지로 해석된다. 위 대화에서처럼 have 뒤에 son, daughter, child와 같은 단어가 나오면 '출산하다'는 의미다.

- 위의 문장에 사용된 hold는 기본적인 의미인 '잡다' 이다.

SENTENCE

A Jason, get off the roof! I don't think it will hold your weight.
제이슨, 지붕에서 내려와. 지붕이 네 몸무게를 **지탱하지** 못할 것 같아.

B I don't think your argument will hold in the U.S. Supreme Court.
당신의 주장이 미국 대법원에 **받아들여질** 것 같지 않은데.

- 예문 A와 B에서는 '(육체적으로나 추상적으로) 지탱하다' 라는 의미다.

- 예문 B에서 나오는 argument는 실생활에서는 '논쟁' 인데, 이 예문에서나 토플 시험 같은 경우에는 '주장' 이란 의미로 쓰일 수도 있다는 것을 기억하자. 참고로 argument의 동사형 argue란 단어도 위와 같이 두 가지 의미로 사용된다.

> **영재의 문화 탐방**
>
> 지난 2000년도 미국의 대통령 선거 결과와 관련하여 플로리다 주 연방법원(the Florida Supreme Court)과 미 대법원(the U.S. Supreme Court)이 대중 매체에 자주 거론되었다. 어떤 사람들은 미국의 법정 체제에 대해 혼동된다고 하는데, 간단히 말하자면 이 두 법원의 차이는 우선 미 대법원은 최고 상위법원으로서 모든 결정권을 쥐고 있다고 보면 된다. 미국에는 두 개의 법정이 있다. 각 50개의 주마다 주법원(state court)이 있고, 미국 전체에 연방법원(federal court)이 있다. 사건이 발생했을 때 주헌법과 관련된 사건은 주법원에서 해결하고, 주와 주 사이의 갈등 또는 인종 차별과 같이 인권과 관련된 사건은 연방법원에서 맡게 된다. 그리고 주법원 또는 연방법원의 판결에 불복하게 되면 최고 법원인 대법원에 항소하여 판결을 받게 된다.

 **SENTENCE**

🅒 **The Dutch hold very unconventional views on many important social issues, such as euthanasia, prostitution, and drugs.**
네덜란드 국민들은 안락사, 윤락, 마약과 같은 많은 중요한 사회적인 이슈에 대해 아주 특이한 의견을 **가지고** 있다.

- 예문 C는 '다른 사람의 생각을 잡다' 라는 개념에서 '~와 의견을 같이하다' 의 의미로 사용되고 있다.

- **conventional**은 '일반적인' 이란 의미지만 부정 접두어 'un-' 을 붙이면 '틀에 박히지 않은, 독특한, 진보적인' 이란 의미다.

- **view**가 '의견' 이란 의미로도 쓰이는데 우리가 아는 opinion과는 거의 같은 의미다. 또한 view란 단어는 '보다' 라는 동사형이 있고 또 명사형으로 '풍경' 이란 뜻도 있다.

- **such as**는 '~과 같은' 이란 의미이고, 예시를 들 때 사용하는 표현이다.

 **CONVERSATION 2**

🅐 **Where are you going to have the fund-raising party?**
어디에서 기금 모금 파티를 열 생각이니?

🅑 **The party will be held in the community center.**
지역 회관에서 **열** 생각이야.

어휘
표현
설명

- **fund-raising party**는 자선 사업에 관심이 많은 미국 사람들이 자주 쓰는 표현이다. 직접적으로 해석을 하면 fund란 한국에서도 흔히 쓰는 펀드 매니저를 생각하면

된다. 즉 fund에는 '금전' 이란 의미가 있다. 또한 raise는 '기르다' 는 뜻이 있지만 항상 fund와 같이 쓰이면 '자금/기금을 모으다' 라는 의미다. 그래서 fund-raising party는 '기금 모음 파티' 가 된다. 참고로 이런 상황에서 '기금/자선 기금을 내다' 라고 할 때는 'donate (기증하다/기부하다)' 를 쓸 수 있지만 아주 기본 동사인 give 를 사용해도 된다. "I gave $1,000 at the fund-raising party yesterday."(어제 자선 기금 모음 파티에서 천 달러를 기부했어)

◐ 위 대화에서는 hold는 '(대회, 모임 따위를) 열다/개최하다' 라는 뜻으로 사용된다.

28 - 2 Hold 잠깐만요

I guess the project is on hold.

그 계획이 현재 보류 중이라고 알고 있는데.

Hold와 관련된 여러 숙어 중에서도 on hold와 hold on에 대한 표현법을 알아보자. 먼저 on hold는 →1) '통화 대기' →2) '지연되다'의 뜻이며, hold on은 →3) '참다' →4) '견디다' →5) '가지고 있다'라는 의미다. 비슷한 개념을 가지고 있지만 문장에서 사용될 때 뉘앙스의 차이를 잘 살펴보기 바란다.

CONVERSATION 1

A Why have you been on the phone for so long?
전화를 왜 그렇게 오래 붙잡고 있니?

B The operator put me **on hold** for the past fifteen minutes.
교환원이 15분 동안이나 **통화 대기**를 시키고 있어.

CONVERSATION 2

Ⓐ When will the city start building the new retractable-roof stadium for the Mets?

시에서 메츠팀 전용 구장으로 짓기로 한 개폐식 천장이 있는 스타디움을 언제부터 시작할거래?

Ⓑ I don't know. I guess the project is on hold.

잘 모르겠는데. 그 계획이 현재 **보류 중**이라고 알고 있는데.

어휘
표현
설명

 대화 1과 대화 2의 on hold는 '기다리고 있는 상태가 계속되는 것'을 나타내는 두 가지 의미로 해석된다. 하나는 대화 1에서처럼 '통화 대기' 라는 의미, 또 하나는 대화 2에서처럼 '지연되다/보류 중이다' 의 의미인데 영자 신문에서 헤드라인(headline)으로 많이 나온다.

> **영재의 문화 탐방**
>
> 대화 2에 나왔던 메츠팀 전용 구장뿐 아니라 미국에서는 36여 년 동안이나 새로운 스타디움이 지어지지 않았기 때문에 뉴욕 시에서 활동하는 양키즈(Yankees)나 프로 미식축구팀인 젯스(Jets)팀, 프로 농구팀인 닉스(Knicks)팀 모두가 새로운 전용 구장을 원하고 있다. 모든 팀이 다 만족할 수준의 각각의 전용 구장을 만들기 위해서는 총 $3.6billion(3조 6천억 원 정도)이 들 것이라고 한다. 그리고 요즘은 날씨에 상관없이 경기를 즐기기 위해 스타디움의 천장을 개폐식으로 하는 것이 필수적이라고 한다. 이처럼 스포츠에 대해서 아낌없이 돈을 쓰는 것을 보면 미국인들에게 스포츠는 단순한 구경거리 이상인 생활의 일부라는 생각이 든다.

CONVERSATION 3

Ⓐ Hurry up, otherwise we'll miss the plane.

서둘러. 그렇지 않으면 비행기 놓치겠어.

Ⓑ Hold on, we still have an hour to get to the airport.

기다려. 공항까지 가는 데는 1시간 정도 여유가 있어.

CONVERSATION 4

Ⓐ I heard those climbers trapped on the mountain were rescued.
산에 갇혔던 등산객들이 구조되었다고 들었어.

Ⓑ Yeah, they were able to hold on by eating icicles until the rescuers arrived.
응, 구조대가 도착할 때까지 고드름을 먹으면서 **견딜** 수 있었대.

CONVERSATION 5

Ⓐ Did you hear the news?
뉴스 들었어?

Ⓐ Yeah, I made a fortune by holding on to the stocks.
응, 주식을 **계속 가지고 있었기** 때문에 큰돈을 벌었어.

- 대화 1과 2에서 나오는 'on hold' 란 숙어를 바꿔서 'hold on' 이라고 하면 세 가지 의미로 해석된다. 첫째는 대화 3에서처럼 시간적인 요소가 나오면 '기다리다' 의 개념에서 발전해 '여유를 갖고 참다' 라는 뜻으로 해석된다. 두 번째, 대화 4처럼 극한 상황에서 '견디다' 란 의미가 있다. 세 번째, 대화 5에서처럼 hold의 원래 의미에 가장 가까운 '가지고 있다' 라는 의미로 해석된다.

부모님이 주시는 것은 다 받아요

Inherit 29

I inherited my father's wits.

내가 아버지의 유머를 물려받은 것 같아.

　　Inherit은 ~로부터 대를 이어 물려받는 것을 나타내므로 흔히 → '(재산이나 유전적 형질 따위를) 물려받다' 라는 뜻으로 사용된다. 물론 실생활에서도 이 단어를 많이 사용하지만, 토플을 공부하는 사람이라면 청취나 독해에서 자주 나오는 단어라 필수적으로 외워야 한다.

CONVERSATION 1

A Has the family attorney read your father's will yet?
가족 변호인이 아직도 너의 아버님 유언장을 공개하지 않았니?

B Yes, I inherited the farm.
그럼 공개했지. 나는 농장을 **물려받았어**.

> 어휘
> 표현
> 설명

- 변호사라고 하면 lawyer가 가장 먼저 떠오른다. 물론 위 대화에서도 lawyer를 쓸 수 있다. attorney와 lawyer의 차이점은 전자는 오로지 미국에서만 쓰인다. 그래서 미국 외 다른 영어권에서 변호사를 뜻할 때는 lawyer를 사용해야 한다.

- **will**은 '의지/뜻' 이란 의미도 있지만, 위의 문장처럼 '유언' 이란 뜻으로 실생활에서 많이 사용된다. '변호사가 유언을 공개하다' 라는 의미로 read 동사가 쓰인다는 것도 기억해두자.

- 위 상황에서 inherit는 이 단어의 대표적인 용법인 '유산을 물려받다' 는 뜻으로 쓰인다.

CONVERSATION 2

A Oh, how lucky you are! Your uncle left you his house.
정말 잘됐어. 삼촌이 집을 물려주셨다면서.

B I got the house alright, but the **inheritance tax** is a real burden.
집이 생겼다는 것은 맞아. 그런데 **상속세**가 장난이 아냐.

> 어휘
> 표현
> 설명

◉ **leave someone**을 직접적으로 해석하면 '누구에게서 떠나다' 라는 의미가 되지만 위 상황에서는 inherit와 거의 비슷한 의미로 '~에게 재산을 물려주다' 라고 해석할 수도 있다.

◉ **inheritance**란 inherit의 명사형으로 '유산' 이란 뜻이다. 뒤에 tax(세금)가 붙어 inheritance tax가 되면 '상속세' 란 의미다.

◉ **a real burden**을 글자 그대로 해석하면 '진짜 짐' 이라는 뜻인데, real을 굳이 우리말로 해석한다면 '큰' 이란 의미다. 그래서 전체적인 표현은 '아주 큰 짐/과다한 부담' 이란 뜻으로 실생활에서 사용된다.

▶ 영재의 문화 탐방

우리나라는 주로 부모에게서 자식에게로 유산 상속이 되는 것이 통념이지만, 미국은 자식이 있는데도 특별히 좋아하는 조카나 손자/손녀에게 유산을 물려주는 경우도 흔하다. 그래서 위 대화에서처럼 삼촌이나 고모/이모에게 유산을 물려받는 사람들을 많이 볼 수 있다. 한국과 마찬가지로 미국 역시 상속에 따르는 상속세(inheritance tax=estate tax)가 있는데, 거의 상속금의 55퍼센트나 차지하므로 어떤 경우에는 배보다 배꼽이 더 커져 무조건 좋아할 일만은 아니다. 미국에서 상속세 이외에 세금이 높기로는 복권(lottery)을 들 수 있다. 복권 당첨금이 한국 복권과는 비교도 안 될 정도로 높아 천억 원이 넘는 경우도 있지만, 대부분 20~30억 원에 달한다. 당첨금은 우선적으로 세금을 공제하고, 나머지 금액을 20년에 나누어 할부로 받거나 일시불(lump sum)로 원할 경우에는 20년 동안의 이자 금액이 빠진 원금, 보통 당첨금의 40퍼센트 가량 지급받을 수 있다. 한 가지 흥미로운 점은 이런 거금을 쥔 당첨자들 중에서 파산 신고를 하는 경우가 많은데, 당첨자들이 실수령액은 생각지 않고 당첨금만을 생각해 흥청망청 다 써버리기 때문이다.

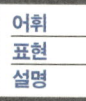

CONVERSATION 3

Ⓐ Your father is a charming man like you.
너희 아버님도 너처럼 매력적인 분이시구나.

Ⓑ Yup, I inherited my father's wits.
그래, 내가 아버지의 유머를 **물려받았지**.

> 어휘
> 표현
> 설명

- **charming**은 charm(매력)의 형용사형으로 '쾌활한/매력적인'이란 뜻인데, 남녀 모두에게 사용할 수 있으며 기본적으로 매너가 좋고 재치가 있는 사람을 뜻한다. 지금은 거의 없어졌지만 불과 얼마 전까지만 해도 미국에 charm school(일명 신부학교)이란 곳이 있었다. 이곳은 결혼 적령기의 상류층 아가씨들에게 신부로서의 예의범절을 가르치는 곳이었다. 미국 여성들을 그 어느 나라 여성보다 활발하고 자유 분방하다고 생각하는 우리에게는 참 재미있으면서도 의외의 모습이다.

- **yup**이란 yes의 의미인데 실생활에서 부담 없는 친구나 상대방에게 대답할 때 쓰이는 표현이다.

- 위 상황에서 inherit가 우리말로 '물려받다'라고 해석되지만 대화 1에 사용된 inherit과의 차이는 '부모님으로부터 습성을 물려받다'는 것과 '유산을 물려받다'는 것의 차이인데, 이처럼 '유전적이다'는 의미로 해석될 때는 거의 과거형으로 쓰인다.

넌 이제 자유야!

Let 30-1

His company just let 20 workers go.

그의 회사에서 20명을 해고했다.

Let은 → 1) '(생각이나 행동을 하도록) 허용하다' 라는 원래의 뜻에서 → 2) '제안하다' → 3) '시도하게 하다' 등으로 파생되어 사용되는데, 특히 이 let은 실용영어에서 자주 쓰이므로 문장 구조를 유의해서 봐두도록 하자.

CONVERSATION 1

A Can I leave an hour earlier than usual today?
오늘은 평소보다 1시간 빨리 퇴근할 수 있을까요?

B Since you worked hard today, I'll **let** you go early.
오늘 열심히 일했으니, 일찍 가도록 **해주지**.

어휘
표현
설명

▶ **leave**를 일반적으로 '떠나다' 라는 의미로 많이 알고 있지만 위 같은 상황에서는 '하루 일을 끝내다' 는 의미로 해석된다.

◉ 위의 예문에서 let은 '허용하다' 라는 기본적인 의미로 해석되고 있다.

 **CONVERSATION 2**

Ⓐ **What's wrong with Mark?**
마크한테 무슨 일 있어?

Ⓑ **His company just let 20 workers go, and he is one of them.**
다니는 회사에서 20명을 **해고했는데**, 마크가 그 중 한 명이야.

| 어휘 |
| 표현 |
| 설명 |

◉ 여기서 주의할 점은 let one go가 대화 1과 같은 형태의 구조에서 쓰이지만, 위 대화에서는 '해고당하다' 라는 숙어로 사용되고 있다. 이러한 차이점을 구분할 수 있는 방법은 문맥상 "What's wrong with?" 라는 부정적인 질문이 먼저 나왔다는 것이다. '해고하다' 라는 의미로 fire를 사용할 수도 있는데, 고용인이 실수나 능력 부족으로 해고당하는 경우에 쓰인다. 위 상황처럼 let one go란 표현 또는 lay off란 표현을 사용할 때는 구조 조정과 같은 회사의 사정상 해고한다는 의미다.

 **CONVERSATION 3**

Ⓐ **What do you want to do on Thursday night?**
목요일 밤에 뭐 할래?

Ⓑ **Let's go to a club.**
나이트 클럽에나 **갈까**?

| 어휘 |
| 표현 |
| 설명 |

- 위 문장에서는 주로 제안을 나타낼 때 실생활에서 자주 사용되는 let의 용법이다.

- 우리가 흔히 영어라고 생각하고 쓰는 말이 실제 영어권에서는 의미가 전달되지 않는 경우가 있는데, 그 중 하나가 나이트 클럽(night club)이다. 한국에서는 앞자만 떼내 나이트라고 하지만 미국에서는 오히려 앞자를 빼고 그냥 club이라고 한다.

영재의 문화 탐방

몇 년 전만 하더라도 미국인들에게 주말은 금요일 저녁부터 시작되는 것이 일반적이었다. 그래서 이와 관련해 한국에서도 유명한 체인 레스토랑 TGIF(Thank God It's Friday : 드디어 주말이다)라는 표현이 나올 정도였지만, 요즘은 목요일 저녁부터 주말이 시작된다.

이러한 관습은 대학생들부터 시작 되었는데, 대학생들이 학기 수업을 정할 때 되도록 금요일에는 많은 수업을 듣지 않으려고 수업 스케줄을 짠다. 그래서 금요일에는 학업과 관련된 빡빡한 스케줄에서 벗어날 수 있어 목요일 저녁부터 서너 군데의 술집을 돌아다니면서 즐기는데 이를 '바 호핑(bar hopping)' 이라고 한다. 이렇게 목요일 밤부터 주말과 같은 생활을 즐기는 것에 익숙한 대학생들이 사회로 나가서도 이 습관이 계속되어 한 주일의 피로를 목요일부터 푸는 세태가 되었다.

CONVERSATION 4

Ⓐ John seems to be pretty confident about the tennis match with you.
존이 너와의 테니스 게임에 대해 아주 자신감 있어 보이던데.

Ⓑ If he thinks he can beat me in the match, just let him try!
게임에서 나를 이길 수 있다고 한다면, 한번 **해보라고 해**!

◉ **seem**은 '~으로 보이다' 라는 뜻인데 위 문장에서는 'look' 으로 바꿔 쓸 수도 있다.

◉ **pretty**는 대표적으로 '예쁜' 이란 뜻인데 실생활에서도 이런 뜻으로 많이 쓰인다. 하지만 위 같은 상황에서는 '매우', 즉 'very' 와 같은 의미로 실생활에서 쓰인다는 것을 기억하자.

◉ 위의 let은 '다른 사람에게 ~을 할 수 있는 기회를 주다' 라는 뜻으로 실생활에서 자주 쓰이는 표현이다.

넌 이제 자유야!

Let 30 - 2

Good work so far. You mustn't let up.

지금까지는 좋아. 느슨해지지 않도록 해.

Let과 관련된 실용숙어를 살펴보기로 하자.

*let up [느슨해지다, 줄어들다]

CONVERSATION 1

Ⓐ How am I doing?
제가 어떤 것 같아요?

Ⓑ Good work so far. You mustn't let up.
지금까지는 좋아. **느슨해지지** 않도록 해.

- **so far**는 상황에 따라 뜻이 다른데, 직접적인 의미로는 '너무 먼,' 위 상황에는 '(과거부터) 지금까지' 라는 의미로 사용된다.

- 위에서 B의 의도는 '지금까지 잘했으니 너무 자만하지 말라' 는 의미로 "You mustn't let up." 이란 문장을 사용하고 있다.

CONVERSATION 2

Ⓐ Is it still raining outside?
밖에 아직도 비 오니?

Ⓑ Uh-huh, but I hope it'll lets up soon.
응, 하지만 곧 **적게 오길** 바래.

- **still**은 정지된 상태를 설명할 때 사용될 수도 있지만 위 대화처럼 '아직까지' 라는 의미로도 사용할 수가 있다.

- **uh-huh**는 '응'이란 표현으로 특히 전화상에서 우리말의 '예 – 예'처럼 상대방의 말에 긍정을 표할 때 사용한다.

- 위 대화의 let up은 '조금은 줄다'라는 의미다. 한 가지 기억해둘 점은 let up 뒤에 전치사 on이 이어지면 그때는 '화가 수그러지다'의 뜻이다.

*let-down [실망(명사형)]

무언가를 잔뜩 기대하고 있다가 그 결과에 대해 실망할 때 let-down을 쓰면 그 뜻이 아주 정확하게 전달된다. 같은 맥락으로서 '~를 실망시키다'라는 뜻으로 종종 let one down이 사용된다.

CONVERSATION 3

A How was the movie?
영화 어땠어?

B It was a **let-down**, but the movie theater is the best I have ever been to.
영화는 **실망**인데, 영화관은 가본 곳 중에서 제일 좋았어.

어휘
표현
설명

- **movie**는 '영화'와 '영화관' 두 가지 뜻으로 다 쓰이는데 문맥상으로 구분할 수 있다. 예를 들어 "I was at the movie."는 '영화관에 있었어'라고 해석이 되고, "Let's see a movie."라고 하면 '영화 보자'는 뜻이다.

▶ 영재의 문화 탐방

일반적으로 대화에서 theater가 나오면 연극이나 공연이 상연되는 극장이지만 위의 예문처럼 movie theater는 영화관을 의미한다. 미국에서는 영화표를 구입할 때 우리나라처럼 좌석을 지정해주지 않으며, 관객이 극장에 들어가서 원하는 자리에 앉으면 된다. 이런 경우 우리말의 '먼저 오는 사람이 임자'라는 개념을 'First come first served basis'라고 표현하면 된다. 그래서인지 예매를 했음에도 영화관에 들어가 보면 아주 형편없는 자리에 배정받는 예가 미국에서는 거의 없다. 요즘 새로 생긴 미국의 극장 중에는 한국처럼 표를 구입할 때 자리를 미리 배정받는 경우가 있는데, 이때 창구(box office)에 설치된 컴퓨터상에서 좌석을 확인한 후 자신이 앉고 싶은 좌석을 직접 선택하도록 되어 있다.

✱ let one have it [한풀이하다]

너무 화가 나서 상대방에게 '자신의 생각을 절제없이 표현하다'고 할 때 'let one have it'이란 숙어를 사용한다. 그래서 '마음이 시원해지도록 한번 퍼부어봐' 라고 할 때 이 숙어를 사용할 수 있다.

Ⓐ How come Jake looks so sullen?
 잭이 왜 그렇게 뚱해?

Ⓑ Susan was so mad at Jake that she let him have it.
 수잔이 잭에게 너무 화가 나서 **마구 퍼부어댔대.**

▶ **sullen**은 사전적 의미로 '음침한/음울한'이지만, 실생활에서는 꾸중을 들어 아이들이 뚱한 표정을 짓고 있을 때 쓰인다.

✱ let it go [포기하다]

Ⓐ Are you still upset at Dick?
 너 아직도 딕에게 화났니?

168

B Until recently, but I let it go.

얼마 전까지도 그랬는데, **포기하기로** 했어.

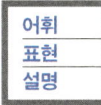

- 대화 4와 대화 5의 mad와 upset은 '화가 나다'라는 의미다. 굳이 두 단어의 차이점을 들자면 화가 난 강도면에서 mad가 더 강한 어감을 가지고 있다.

- '그냥 잊어버리자'라는 뜻으로 'let it go'를 쓸 수 있다.

31 Look

보여야 생각하죠

It looks like snow.

눈이 올 것 같은데.

　　Look의 일차적인 의미는 →1) '보다/바라보다' 라는 뜻이다. 특히 look은 전치사와 함께 숙어로 많이 쓰이는 단어며, 감탄사로 쓰일 때는 '어이/이봐' 정도이고 '보다' 라는 의미는 전혀 없다.

*look at [~을 보다]

Ⓐ What a great apartment! Just look at the view.
아파트 좋은데! 전망 좀 **봐**.

Ⓑ Yeah, but it costs a fortune.
응, 꽤 비싸게 줬겠는데.

어휘
표현
설명

▶ **view**가 동사로 '보다' 라는 뜻이지만 위 대화에서는 '전망' 이란 뜻으로 사용되고 있다.

영재의 문화 탐방

미국의 뉴욕처럼 인구 밀집 지역의 아파트 월세는 일반적으로 15~25평형을 기준, 대략 80~150만원 정도에 달한다. 물론 물가가 싼 지역에서는 20~30퍼센트 싸기도 하다. 언뜻 보면 매우 비싸 보이지만, 우리나라처럼 보증금을 내지 않기 때문에 실제로는 거의 비슷한 수준이다. 하지만 맨해튼(Manhattan)처럼 증권 브로커, 변호사, 의사들이 사는 일부 특정 지역은 30평 정도가 400~600만원 이상이다. 초호화판 아파트는 월세가 수천만원 하는 경우도 드물지 않다. 우리 인식에는 웬만한 월급쟁이의 한달 월급이 넘는 돈이 월세로 나가는 것을 의아하게 생각하겠지만, 그 만큼 그들의 수입원도 만만치 않다는 것을 짐작할 수 있다.

*look like [~처럼 보이다]

CONVERSATION 2

A How's the weather outside?
날씨 어떤 것 같아?

B It looks like snow.
눈이 올 것 같은데.

▶ 대화 2에서 사용된 look은 약간 의미가 발전해 '~으로 생각하다/인 것 같다'의 뜻이다.

> **영재의 문화 탐방**
>
> 눈이 많이 오는 겨울은 개인 주택이나 가게를 가진 사람들이 더 바빠지는 계절이다. 쌓인 눈을 치워야 하기 때문이다. 물론 길거리를 지나가는 사람들의 편의를 위한 친절함 때문이기도 하지만 그에 못지않게 더 큰 이유가 하나 있다. 만약 집이나 가게 앞의 눈을 방치해 그 앞을 지나가던 행인이 넘어져 다치기라도 하면 소송을 당해 큰돈을 배상해야 되기 때문이다.

*look into [조사하다]

look에 into라는 전치사를 함께 쓰면 '~ 안을 들여다보다'라는 개념에서 '조사하다'의 의미다.

CONVERSATION 3

A Honey, can you fix the leaky faucet?
여보, 세면대가 새는데 좀 고치시겠어요?

B I don't know whether I can repair it, but I'll **look into it.**

고칠 수 있을 지 모르겠는데, 어떤지 **한번 보겠소**.

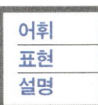

○ **leak**는 명사로 쓰이면 '새는 곳'이고 동사형으로 쓰이면 '~을 새게 하다'라는 의미다. leaky는 형용사로 '새는'이란 뜻이다. 또한 leak가 전혀 다른 상황에서는 '누설' 또는 '누설되다'라는 뜻으로 쓰이기도 한다.

A I'm sorry I returned the book late.

책을 늦게 돌려드려 죄송합니다.

B **Look**, this is the third time that you have returned the book late.

이봐, 책을 늦게 반환한 게 이번이 벌써 세 번째라고.

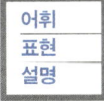

○ **look**이 감탄사처럼 쓰일 때도 있는데 이때는 보는 것과는 전혀 관련 없이, '야/이봐' 처럼 주위를 환기시키기 위한 표현이다.

*look around [(주위를) 둘러보다]

 **CONVERSATION 5**

🅐 **May I help you?**
도와드릴까요?

🅑 **No thanks. I'm just looking around.**
괜찮습니다. 그냥 **둘러보고 있는** 중입니다.

*look over [조사하다]

이것은 주어진 그 이상의 것을 본다라는 개념에서 '조사하다/~을 훑어보다' 라는 의미다.

 **CONVERSATION 6**

🅐 **Did you read the report?**
그 리포트 읽어봤니?

🅑 **No, I didn't, but I'll look it over tonight.**
아니, 아직 안 읽었는데 오늘 밤 **훑어볼게**.

 **SENTENCE**

🅐 **How could I overlook this obvious mistake!**
그렇게 명백한 실수를 **못 보다니**!

⏵ over와 look이 한데 어울려 overlook이면 '부주의하다' 라는 의미가 된다.

*look down on [무시하다]

이것은 '~을 아래에 놓고 본다' 는 개념이므로 '무시하다' 의 뜻이다.

Ⓐ Jane is such a snob!
제인은 너무 거만해!

Ⓑ Definitely, she looks down on everybody.
그러게 말야, 그녀는 모든 사람을 다 **무시한다니까**.

▶ **snob**은 '거만한/콧대가 높은' 이란 뜻이다. 자기가 잘났다고 생각해 안하무인격으로 모든 사람들을 내려다보는 의미로, 특히 부유층 자녀들의 거만한 행동을 말할 때 쓰이는 단어다.

*look up to [존경하다]

이것은 '~을 위쪽으로 쳐다본다' 는 개념에서 '존경하다' 라는 의미가 된다.

Ⓐ What do you think of professor Haver?
하버 교수님에 대해 어떻게 생각해?

Ⓑ Oh, I really look up to him. He is my mentor.
나는 정말로 그분을 **존경해**. 그분은 나의 스승님이서.

|어휘|
|표현|
|설명|

⑩ 우리말의 스승님에 가장 가까운 느낌을 가진 단어는 아마 mentor일 것이다. 자신의 마음을 이해해주고 조언을 아끼지 않는 대상이라고 생각하면 될 것이다.

놀면 뭐 하나, 뭐라도 하자   **Make 32 - 1**

He is making a fortune on Wall Street.

월스트리트에서 아주 잘 벌고 있어.

Make는 → 1) '~을 만들어내다' 라는 개념에서 → 2) (음식을) '만들다/조리하다' → 3) (직위에) '지명하다' → 4) (돈을) '벌다' 등등의 기본적인 의미로 사용되지만 우리말로는 아주 여러 가지로 해석할 수 있다.

CONVERSATION 1

Ⓐ **Whose turn is it to make dinner tonight?**
오늘 저녁은 누가 **할** 차례지?

Ⓑ **I believe that it's John's turn to cook.**
존 차례인 것 같은데.

| 어휘 |
| 표현 |
| 설명 |

▶ 동사형으로 turn은 '돌리다/회전시키다'는 뜻으로 사용되지만 위 상황같이 명사형으로 사용되면 '순서'라는 의미가 된다.

◉ 일반적으로 '요리하다' 라는 의미로 cook을 연상할 수 있지만 위에서는 make란 동사가 dinner(저녁식사)를 가리키기 때문에 cook과 같은 뜻으로 쓰이고 있다. 물론 make 대신 cook을 사용할 수도 있지만 prepare(준비하다)도 가능하다.

◉ **believe that...**은 '~을 믿다' 라기보다는 'I think that...; ~라고 생각한다' 는 의미다.

CONVERSATION 2

A How did your job interview go?
면접 시험 어떻게 됐어?

B It went well. The president **made** me an assistant manager.
잘되었어. 사장님이 나를 부책임자로 **임명하셨지**.

어휘
표현
설명

◉ **How did...go?**는 '~이 어떻게 됐어?' 라는 질문이다. '잘되었어' 라고 답할 때는 "It went well."이라는 표현을 쓰는데 문장을 통째로 외워 사용하는 것이 좋다.

◉ **assistant manager**란 직위를 말하기 때문에 여기서는 make를 '지명하다/임명하다' 의 뜻으로 해석한다.

◉ 영어로 직위를 뜻할 때 assistant란 단어가 많이 나온다. 사전적인 의미는 보조원이지만 위 상황처럼 형용사형으로 사용되면 '부-' 라는 의미다. 미국 회사는 한국 회사와 직위 개념이 조금 다른데 그 중에서 manager란 표현을 아주 많이 사용한다. 이는 어떤 부서의 책임자, 즉 부장급 정도 되는 사람을 가리킨다고 생각하면 된다. 그리고 한국에서는 연예인을 관리하는 사람을 매니저라고 하지만 이에 대한 정확한 표현은 에이전트(agent)다.

CONVERSATION 3

A How's Robert doing these days?
요즘 로버트는 어떻게 지내니?

B Oh, he is making a fortune on Wall Street.
응, 월스트리트에서 아주 잘 **벌고** 있어.

어휘
표현
설명

- 위 문장에서의 make는 '(돈을) 벌다', 즉 earn의 뜻이다.

> **영재의 문화 탐방**

흔히 월가(Wall Street)라고 하면 성공과 돈을 연상하게 된다. 이 황금의 월가에 입성하기 위해 최고 학교의 경영학과를 나오거나 MBA를 따야만 한다고 생각하는데 반드시 그렇지만은 않다. 대학에서 경영학과와는 전혀 무관하게 공부한 사람들도 많다. 이 직종에 종사하기 위해서는 이론적인 지식으로 무장한 것보다도 적성이 더 중요시된다. 이러한 증권회사에 입사하려면 취업 공고가 날 때 지원하고 인터뷰를 한 뒤에 입사 여부가 확정된다.

증권회사에 입사하게 되면 경력에 따라 차이는 있겠지만 일단 비전공자나 무경력자는 대략 6개월 정도의 수습(internship)을 거친 다음 정식 직원 채용 여부가 결정된다. 학교 다닐 때 성적이 저조하던 친구들도 본인의 적성에 맞으면 누가 시키지 않아도 아침 6시부터 밤 11시까지 열심히 일한다. 증권회사가 요구하는 요소도 바로 이러한 노력일 것이다. 회사 분위기 때문에 어쩔 수 없이 눈치를 보며 괜한 고생을 하는 것이 아니라 본인의 의지에 따라 열심히 일하고 또 그렇게 노력하는 사람에게 기회가 주어진다는 것이다. 어떻게 보면 학벌과 성적만으로 특정한 일에 대한 능력을 평가하는 것보다는 더 합리적이라 생각할 수 있다. 하지만 증권회사의 성격상 하루에 수천만 달러가 오고 가는 일이라 그에 따른 스트레스도 많아 10년 정도 일하고 나면 완전히 탈진되어 직장을 그만 두는 경우도 많다(이러한 경우를 burn out이라 한다). 그래서 지난 10년 전부터 월가의 증권회사에서 일하는 30대 중반들은 한 순간에 모든 것을 포기하고 돈뿐만 아니라 스트레스에서 완전히 벗어나 새로운 일로 전업하는 경우가 많다.

32 - 2 Make
놀면 뭐 하나, 뭐라도 하자

If I can make it there, I'll make it anywhere.

만약 내가 거기에서 성공할 수 있다면, 어디에서도 성공할 수 있어.

Make를 이용한 관용적 표현이 많다.

＊make up [보충하다, 구성하다, 과장하다, 화해하다]

CONVERSATION 1

Ⓐ When are we going to have a make up class?
보충 수업 언제 할래?

Ⓑ I hear that we'll have one next Friday.
다음주 금요일에 보충 수업이 있다고 들었는데요.

어휘	
표현	
설명	

- 위 문장의 make up은 '보충하다' 라는 의미다.

- 학교를 다니다 보면 여러 가지 이유로 수업이 취소되는 경우가 있다. 예를 들어, 미국 동부에는 겨울철이 되면 길에 차가 다니기 위험할 정도로 눈이 많이 오기 때문에 등교하는 학생들의 안전을 위해 수업을 취소하며, 대학교는 학기당 필수 수업일이 있어 반드시 보충 수업을 한다.

CONVERSATION 2

Ⓐ Any news about the final exam?
학기말 시험에 대해 무슨 소식 있어?

Ⓑ I heard that it'll make up 50% of the grade.
학기말 고사는 성적에 50퍼센트 **반영될** 거야.

어휘	
표현	
설명	

- 여기서의 make up은 '구성하다' 라는 의미다.

 **CONVERSATION 3**

Ⓐ Why is Susan mad at Bob?
수잔이 왜 밥에게 화가 났어?

Ⓑ Well, in order to impress her he made up a story about his army days.
그러니까 그녀에게 감동을 주기 위해, 그가 군대 시절 이야기를 **과장해서** 들려주었거든.

| 어휘 |
| 표현 |
| 설명 |

⑩ **impress**란 '감동시키다'라는 의미로 실생활에 많이 쓰이는데 이 단어의 형용사형인 impressive도 칭찬과 감탄을 많이 하는 미국인들이 자주 쓰는 단어다.

⑩ 위 대화에서 make up이란 표현이 두 번 나왔다. 하지만 B가 의미하는 make up은 '꾸며내다/과장하다'라는 의미다. 그 해석의 힌트는 A의 질문에서 왜 화가 났는지 물어보기 때문에 당연히 B의 대답에는 부정적인 요소가 나와야 된다는 것이다.

★**make believe** [가상적인/상상의]

 **CONVERSATION 4**

Ⓐ Don't you find Tom a little weird?
톰이 약간 이상하지 않니?

Ⓑ Tom has such a rich imagination that he lives in his own make believe world.
톰은 풍부한 상상력을 지녔어. 그는 자신이 만든 **상상의** 세계에서 살고 있어.

어휘
표현
설명

- **Don't you find...?**는 'Don't you think?' 와 같은 뜻으로 '그렇게 생각하지 않니?' 라는 의미다.

- **a little**은 '조금' 이란 뜻인데 실생활에서 아주 많이 사용된다.

- **weird**는 '이상하다' 라는 뜻으로 'strange' 와 거의 같은 상황에서 사용할 수 있다.

- **rich**는 '부자의' 라는 뜻 외에 '풍부한' 의 뜻도 있다.

- **imagination**은 '상상력' 이란 뜻이며 동사형은 imagine이다. Beatles를 좋아하는 사람은 그들의 히트곡 중에 'imagine' 이 있다는 것을 기억할 것이다.

- 위에서의 make believe world는 '자신이 만든 상상의 세계' 라고 해석한다.

***make it** [가능하다, 성공하다]

make it은 '가능하다' 라는 뜻으로 실생활에 많이 사용된다. '불가능하다' 는 의미로는 'can't make it' 이란 표현이 주로 쓰인다. 대화상 can과 can't의 발음 구별이 잘 안 돼 고민하는 것을 종종 볼 수 있다. 굳이 조언하자면 발음으로 구별하려고 너무 민감하게 생각하지 말고 대화의 상황을 고려해서 can인지 can't인지를 구별하는 것이 좋다. 실제로 외국인과 얼굴을 맞대고 대화할 때는 내용뿐만 아니라 상대방의 표정에서도 그 뜻의 실마리를 찾을 수 있다.

CONVERSATION 5

Ⓐ Are you coming to the party?
파티에 올 거야?

Ⓑ I want to, but I can't make it.
가고는 싶지만, 못 **갈 것 같은데**.

SENTENCE

Ⓐ If I can make it there, I'll make it anywhere.
만약 내가 거기에서 **성공한다면**, 어디에서도 **성공할 수** 있어.

> **▶ 영재의 문화 탐방**
>
> 예문 A의 'If I can make it there…' 라는 표현은 미국 국민가수인 프랭크 시나트라(Frank Sinatra)가 부른 'New York, New York'의 한 구절이다. 70대 중반의 나이까지 왕성하게 활동한 유명 가수로만 알려진 그가 1998년에 사망한 뒤, 그 동안 밝혀지지 않았던 어두운 면이 하나 둘씩 드러나기 시작했다. 그 중 하나가 20세기의 가장 치열한 대통령 선거전이라고 할 수 있는 케네디 - 닉슨 선거전에서 마피아 세력이 케네디를 지지하도록 그가 중개 역할을 했다는 것이다. 또한 일부에서는 그가 마피아와 밀접한 관계를 맺고 사업을 했다고도 한다. 하지만 '북미 인구의 50퍼센트는 시나트라의 노래를 배경으로 한 분위기 속에서 사랑을 이뤄내고 있다' 라는 어느 유명한 평론가의 말처럼 Frank Sinatra가 영향력 있는 뛰어난 음악가라는 면에서는 이견이 없는 것 같다.

휴식 코너 4

몇 년 전 필자가 SAT(미국 수능시험)를 지도할 때의 일이다. 학생 중에 고등학교 때 아파서 제대로 입시 준비를 하지 못해 한국에 있는 좋은 대학은 꿈도 못 꾸고 할 수 없이 미국에 있는 Community College(전문대)에 지원해서 다닌 학생이 있었다. 그 학생은 공부에 대한 아쉬움으로 밤낮 가리지 않고 노력해 2년 과정을 거의 A를 받고, 보다 나은 4년제 대학에 진학하기 위해 아주 열심히 SAT를 준비하고 있었다. 수업 시간에 일반 미국인들도 어려워하는 단어의 뜻도 척척 대답하는 학생이었는데 이상하게 시험 성적은 항상 저조했다. 그래서 노력에 비해 성적이 좋지 않은 것이 항상 안타까웠다.

이러한 현상은 여러 가지 이유가 있겠지만, 필자의 생각으로는 영어를 살아 있는 언어라고 생각하지 않고, 단순히 학교에서의 영어 점수나 토플/토익 점수로 영어 실력을 평가하기 때문인 것 같다. 그래서 영어라고 하면 문법 혹은 어휘 위주로만 외우는데 여기서의 문제점은 아무리 문법 지식이 많다 하더라도 직접 말을 하거나 영작을 할 때는 터무니없는 실수를 하게 마련인데 이러한 실수를 두려워한다는 것이다. 어휘 또한 수천 개 또는 수백 개를 외우기만 할 뿐 단어의 기본적인 개념을 통한 깊이 있는 공부가 되지 않기 때문에 쉽게 잊어버리고, 또한 현지 미국인들이 사용하지 않는 엉뚱한 용법으로 사용하게 되는 것이다.

토플/토익 같은 시험에서도 한국 학생들은 무조건 많은 단어를 외우려고 덤비는데, 실제로 이러한 시험에서는 얼마나 많은 단어를 알고 있는지를 평가하는 것이 아니라 단어를 얼마나 깊이 있게 알고 있는지를 평가하는 것이다. 그래서 무작정 이 책 저 책 다 외울 것이 아니라 시험에 나올 수준의 단어를 외우되 그 단어가 어떤 상황에서 어떤 의미로 사용되고 있는지 그것을 먼저 알아야 된다. 실제로 토플을 준비하는 학생들 중에서 어휘 실력이 아주 뛰어남에도 정작 시험에서는 어휘 문제에 약한 학생들을 많이 본다. 뜻을 몰라서 틀리는 것이 아니라 문장에서 사용되는 뜻을 고려해야 되는데, 사전의 제일 앞에 언급되는 뜻만 생각하고 답을 고르기 때문에 낭패를 당하는 것이다.

33-1 Mean

저를 통해서 하세요

Does the name Janet Smith mean anything to you?

자넷 스미스라는 이름 들어본 적 있으세요?

Mean은 → 1) '~을 의미하다/뜻하다' → 2) '중요하다' 로 가장 많이 쓰이고 있으며, means는 명사로 쓰일 경우에는 → 3) '수단' 이라는 의미가 된다.

CONVERSATION 1

🅐 **Does the name Janet Smith mean anything to you?**
자넷 스미스라는 이름 **들어본 적** 있으세요?

🅑 **Yes, the name sounds familiar.**
예, 들어본 적 있는 것 같은데요.

| 어휘 |
| 표현 |
| 설명 |

▶ 위 대화를 직역하면, '자넷 스미스라는 이름이 당신에게 무엇을 뜻하나요?' 가 되지

186

만 이때의 mean은 '~라는 이름을 들어본 적이 있다'고 의역되어 쓰이고 있다. 이런 질문 형태는 영화에서 보면 형사가 수사 과정에서 질문할 때 사용한다.

◉ 위 대화에서 특이한 점은 '듣다' 라는 뜻인 hear가 언급되지 않았다는 것이다. 이는 단어를 너무 의미 위주로만 외우고 용법을 한정적으로 기억하고 있다면 영어 실력을 충분히 발휘하지 못한다는 것을 보여주는 예다. 즉 평소에는 전혀 다른 의미로 알고 있는 sound와 같은 단어들이 위와 같이 '듣다' 라는 뜻으로 사용되는 것을 알고 있어야만이 비로소 살아 있는 영어라 할 수 있다.

CONVERSATION 2

A **I want a divorce.**
나는 이혼을 원해.

B **I can't believe you are leaving! Doesn't our marriage mean anything to you?**
당신이 떠난다니 말도 안 돼요. 우리의 결혼이 당신에겐 전혀 **중요한** 것이 아니었나요?

◉ **leave**는 '떠나다' 라는 뜻의 단어지만 위 대화에서 divorce(이혼)가 나오기 때문에 여기서는 '영원히 떠나다' 의 뜻으로 사용된다.

◉ **mean**은 글자 그대로 '~을 의미하다' 라는 개념에서 '중요하다' 라는 뜻으로 파생되어 쓰였다.

> **영재의 문화 탐방**
>
> 미국은 선진국들 중에서도 이혼율(divorce rate)이 꽤 높은 걸로 알려져 있는데 실제로도 그렇다. 80년대 55퍼센트에 달하던 이혼율이 1990년대에는 40퍼센트로 줄어들긴 했지만 여전히 높은 편이다. 연구 결과에 따르면, 이와 같이 높은 이혼율은 미국인들의 기본적인 정서와 관련이 깊다고 한다. 다른 사람에게 자신의 생각이나 생활에 침해를 받기 싫어하고 스스로 결정하고 행동하고자 하는 독립성(independence)이 바로 그 주범이라고 한다.
> 이 점에 근거해 지역적으로 볼 때, 서부가 동부 지역에 비해 이혼율이 더 높다. 1990년도 조사에 따르면 1,000명당 서부에서는 연간 5.1명, 동북부는 3.3명이

이혼하는 것으로 나타나 서부 지역이 1.5배가 높다. 이는 황량했던 서부 지역이 강인한 초기 개척민들에 의해 이뤄졌고, 그 자손들이 터전을 이루고 사는 곳이므로 상대적으로 독립성이 더 강하기 때문이라는 것이다. 또 하나, 동부가 이혼율이 낮은 것은 종교와 관련이 깊다. 가톨릭에서는 이혼을 최후의 수단이라고 생각한다. 가톨릭의 전통이 강한 아일랜드나 이탈리아 이민자들이 미국에 이주해온 것이 대략 120여 년 전이며, 상대적으로 이민 역사가 짧다. 그리고 이들 대부분이 동부에 정착해 살고 있는데 이에 따라 동부가 전체적으로 이혼율이 낮은 요인이 되기도 한다.

이혼 절차도 꽤 복잡할 뿐만 아니라 그러잖아도 마음에 상처를 입은 사람들이 이혼으로 인한 재산 분배로 아주 골머리를 앓는다. 그래서 일부 재혼자들 중에는 재산의 원활한 분배를 위해 미리 이혼 조건(pre-nuptial agreement)을 정하고 재혼하는 경우도 있다.

CONVERSATION 3

A Jeff sure is ambitious!

제프는 확실히 야망이 있어.

B He definitely is. He would use any **means** necessary to succeed.

그렇지. 성공하기 위해서라면 어떤 **수단**도 다 쓸 거야.

> 어휘
> 표현
> 설명

- **ambitious**는 '야망이 있는'이란 뜻이다. 명사형은 ambition이다. 하지만 상황에 따라서 ambitious는 사람뿐만 아니라 계획(plan) 등을 설명할 수도 있다. "Wow, that's an ambitious plan."은 '야, 그것 야심적인 계획인데'로 해석된다.

- **definite**는 '확실한'이란 뜻이다. 부사형인 definitely는 '확실하게'의 뜻으로 sure과 같은 문맥에서 사용한다. 문법 공부를 많이 한 사람은 sure를 형용사로 생각해 조금 혼동할 수 있지만 특히 미국에서는 구어체에서 sure를 위 대화처럼 부사형으로 사용한다는 것을 알아두자.

- **means**는 위의 문장에서 '수단/방법'이란 뜻으로 사용되었다.

저를 통해서 하세요 | **Mean** 33 - 2

I never met such a mean-looking man in my life.

내 평생 그렇게 살벌한 사람은 처음이었어.

Mean과 관련된 관용 표현을 살펴보기로 한다.

★ mean-looking [살벌한/위압적인]
덩치나 인상 혹은 분위기에서 상대방에게 제압당해 위축되거나 위압감을 주는 느낌을 나타낸다. 다음의 대화는 여자친구의 아버지에게 처음 인사를 드리러 간 상황에서 주눅이 든 분위기를 연상하면 된다.

CONVERSATION 1

A How was your meeting with Jane's father?
제인 아버님 만났던 것 어떻게 되었니?

B Well, I never met such a **mean-looking** man in my life.
글쎄, 내 평생 그렇게 **살벌한** 사람은 처음이었어.

▶ **never**는 '전혀 ~ 않다' 라는 뜻인데 쉽게 해석하면 '~하기는 처음이다' 는 뜻이다.

CONVERSATION 2

A Do you mind if I borrow your lawn mower?
잔디 깎기 기계 빌리면 실례가 될까요?

B By no means!
아닙니다!

▶ **Do you mind…?** (~가 실례가 될까요?)라는 질문은 실생활에서 아주 많이 쓰이는 표현 중의 하나다. 일단 Can이나 Would로 시작하는 질문보다는 덜 직설적이라 상대방에게 더 공손하게 들릴 수 있고, 또 상대방에게 조금 부담이 가는 부탁을 할 때 사용하는 질문형이다. Do you mind…? 라는 질문형에서 긍정적인 답변을 하고 싶으면 위의 문장처럼 부정 표현을 사용해야 한다. 잘 알고 있으면서도 실제 사용할 때는 실수가 많은 표현이니 주의하도록 해야 한다.

- '잔디' 하면 흔히 grass를 연상하는데 이는 일반적인 분류상에서 그렇게 부르는 것이고 '집의 앞/뒤 마당' 이나 '공원' 의 잔디를 말할 때는 lawn을 더 많이 사용한다.

- **mow**는 '잔디 (따위를) 깎다' 라는 의미다. 거기에 '-er' 이 붙으면 '잔디 깎는 기계' 가 된다. 위 상황에서는 잔디 깎는 기계를 lawn mower라고 했지만 실생활에서는 간단하게 mower라고 해도 무방하다.

- **by no means**는 '어떤 수단으로도 되지 않는다' 인데 '결코 ~ 아니다' 는 뜻으로 해석된다.

영재의 문화 탐방

몇몇 대도시를 제외한 대다수 미국인들은 마당이 있는 개인 주택에서 산다. 개인 주택은 전체 동네 분위기에 따라 집값이 정해지므로, 누가 특별히 시키지 않아도 집 꾸미기에 아주 열성적이다. 지금 들으면 황당한 이야기지만 1960년대 백인들은 자기 동네에 흑인들이 들어와 사는 것을 싫어했는데 인종 차별(racial discrimination) 때문이기도 했지만, 흑인들이 동네 분위기를 떨어뜨려 집값이 하락되는 현상을 가져오기 때문이었다.

집 가꾸기의 대표적인 예로는, 잔디 깎기, 물주기, 낙엽 쓸기 등과 같은 정원 가꾸기다. 특히 정원을 잘 손질하지 못하는 집은 이웃으로부터 엄청난 비난을 받는다. 그래서 미국의 남편들은 시간이 날 때마다 잔디를 깎는 자상함을 발휘할 수밖에 없다. 성능 좋은 최신의 잔디 깎는 기계(lawn mower)를 가진 남편은 동네에서 목에 상당히 힘을 주고 다닌다. 여름에는 햇볕이 강하기 때문에 아침과 저녁 하루에 두 번씩 잔디에 물을 주어야 한다. 좀더 여유 있는 사람들은 일정한 시간에 물을 자동으로 주는 기구를 설치해 놓지만, 10대 아이들이 있는 대다수의 집에서는 아이들에게 아르바이트로 이 일을 시킨다.

★by all means [반드시]

이 숙어는 '모든 수단을 다 동원한다' 는 뜻인데 '반드시' 로 해석된다.

Ⓐ I wish you could come to the party.
파티에 오면 좋겠는데.

Ⓑ By all means, I'll be there.
반드시 가지.

| 어휘 |
| 표현 |
| 설명 |

▶ 토플과 토익 청취 시험에 자주 나오는 표현 중의 하나가 'I wish' 란 표현이다. 이 표현은 '희망하다' 라고 해석하지만 실제로는 "I wish I had studied for the test.(공부를 하지 못해 아쉽다)" 처럼 '~을 하지 못해 애석하다' 라는 뜻으로 해석되는 것이 대부분이다.

Let's grab a six-pack!

6개짜리로 하나 살까?

Pack이란 단어를 들으면 가장 먼저 우유팩을 떠올린다. 하지만 우리가 말하는 종이 용기 속에 담긴 우유 1통을 말할 때는 a carton of milk라고 해야 옳은 표현이다. 어쨌든 pack이 명사로 쓰일 때는 → 1) '(~을 담는) 용기/그릇' → 2) '무리/떼' 라는 의미로 실제생활에서 두루두루 쓰인다.

CONVERSATION 1

Ⓐ Can I help you?
도와드릴까요?

Ⓑ Yes, let me have a pack of Marlboros please.
예, 말보로 **한 갑** 주세요.

> 어휘
> 표현
> 설명

▶ 가게나 백화점에서 점원들이 '도와드릴까요?' 물을 때는 열이면 열 "Can I help you?"라고 한다.

▶ 이와 같이 pack은 담배나 껌(a pack of gum : 껌 1통)을 세는 단위로도 쓰인다. 하지만 '담배 한 보루'라고 할 때는 'a carton of cigarettes'라고 한다.

CONVERSATION 2

Ⓐ Let's grab a six-pack!
6개짜리로 한 개 살까?

Ⓑ That's an idea.
좋아.

> 어휘
> 표현
> 설명

▶ **grab**은 appetite를 설명할 때 '잠깐 요기를 하다'로 설명한 적이 있다. 하지만 위 상황에서는 '~을 사자', 즉 buy와 같은 뜻이다. 상황상 느낄 수 있는 뉘앙스는 '사서 마시자'라는 뜻이고, 만약 buy를 사용하게 되면 단지 '사다'라는 의미로만 전달된다.

- **a six-pack**은 비닐로 연결되어 한 번에 들 수 있는 6개짜리 맥주를 말하고, a case of beer라고 하면 24개의 맥주가 연결되어 있는 것을 말한다.

- 상대의 제안에 찬성할 때 "That's an idea." 또는 "That's a good idea."라고 하면 '좋은 생각이야' 라는 뜻이다.

> ### 영재의 문화 탐방
>
> 미국에서는 물건을 살 때 우리처럼 열 개, 스무 개 단위가 아니라 열두 개를 기본적인 단위로 생각한다. 그래서 여섯 개(a half dozen), 열두 개(dozen), 스물네 개(two dozen), 서른여섯 개(three dozen)와 같은 단위로 사고 판다. 필자가 한국에서 꽃을 살 때 습관적으로 열두 송이를 주문했더니 꽃집 주인이 열두 송이에 대한 특별한 의미가 있느냐고 물어본 적이 있었는데, 속으로 왜 그런 당연한 질문을 하는지 의아하게 생각했다. 서로 다른 문화권에서 살다 보니 서로의 행동이 이상스러웠던 것이다. 하지만 어느 곳이나 같은 마음도 있다. 물건을 사는 사람은 싸게, 팔려는 사람은 비싸게 팔려는 것이 바로 그것이다. 한국에서도 물건을 많이 살 테니까 싸게 좀 해달라고 하듯이 미국에서도 이런 식으로 물건값을 홍정하는 경우가 있는데, 그때도 많이 산다는 표현은 "I'm going to buy a dozen T-shirts. How about a discount?(티셔츠 많이 살 테니 깎아주세요)", 즉 dozen이라고 표현한다. 이때는 꼭 티셔츠를 12개가 필요하다는 것보다는 많이 산다는 뜻으로 사용한다. 또한 소매상에 물건을 주문할 때도 대부분 12, 24, 36 단위로 주문한다.
>
>

CONVERSATION 3

Ⓐ You look fantastic!
야, 멋진데.

Ⓑ You bet! I worked out really hard to get this six-pack.
그럼! 내가 이 **왕(王)자** 만들려고 얼마나 운동했는데.

- 운동이나 다이어트로 멋진 몸매를 만들었을 때 fantastic(훌륭한/멋진)을 사용하는데, 이때 wonderful을 사용해도 된다. fantastic이나 wonderful은 어떤 결과에 감탄할 때 미국인들이 자주 쓰는 표현이다.

- 위 문장에서의 six-pack은 운동을 열심히 한 남자들의 배에 새겨지는 '王자 모양의 멋진 근육'을 뜻한다.

- **work out**은 '운동하다'라는 뜻도 있고 '해결하다'라는 뜻도 있는데 문맥상 적절하게 해석해야 한다.

CONVERSATION 4

Ⓐ What happened to your grandfather's grave?
너희 할아버지 산소에 무슨 일 있었어?

Ⓑ A pack of wild boars trampled it.
멧돼지 **떼**가 무덤 위를 마구 짓밟았어.

196

| 어휘 |
| 표현 |
| 설명 |

- **grave**는 주로 '무덤'이란 뜻으로 많이 알고 있다. 하지만 한 가지 기억해둘 것은 독해 지문에서 간혹 grave란 단어가 형용사로 나올 수가 있는데 그때는 '엄숙한/심각한'이란 뜻으로 풀이한다.

- 위 대화에서 나오는 pack은 '무리/떼'라는 뜻이다.

34 - 2 Pack

모여라! 모여라!

The people all packed together in one subway car.

사람들이 지하철 한 칸에만 몰려서 꽉 찼어.

일반 회화에서 Pack은 명사형보다 동사형으로 많이 쓰인다. 가장 흔하게 쓰이는 뜻으로는 → 1) '짐을 꾸리다' 인데, 특히 토플이나 토익 시험을 준비하시는 분이라면 청취 문제의 대화내용에서 자주 나오니 유의해서 봐둘 만하다.

CONVERSATION 1

Ⓐ I heard you are going on a vacation.
휴가 간다고 들었는데.

Ⓑ Yup, I'm all packed and ready to leave tomorrow.
응, 짐은 전부 다 **쌌으니까** 내일 떠날 준비 다 되었어.

어휘
표현
설명

- 일반적으로 go on이란 숙어는 두 가지 의미가 있다. 위 같은 상황에서는 '가다' 라는 의미로 쓰이고 또 하나는 '진행하다' 라는 의미로 쓰인다. "Despite the possibility of failure, they decided to go on with the plan."(실패할 가능성이 있음에도 불구하고 그들은 계획대로 진행하기로 결정했다)

CONVERSATION 2

Ⓐ How are we going to get this fish to the Johnson's?
존슨씨네 가져다줄 이 생선 어떻게 해야 되지?

Ⓑ Well, I guess we'll have to pack the fish with ice.
글쎄, 얼음에 **채워서** 갖다줘야 할 것 같은데.

어휘
표현
설명

- **pack**이 음식물을 '(얼음 따위로) 채워 ~한 상태로 유지하다' 라는 뜻도 있다.

CONVERSATION 3

Ⓐ You look worn out this morning.
오늘 아침에는 지쳐 보이는군.

Ⓑ Yeah, the people all packed together in one subway car because the others had no air-conditioning.
그래, 사람들이 지하철 한 칸에만 몰려서 **꽉 찼어**. 다른 칸에는 에어컨이 없었거든.

어휘
표현
설명

▶ **worn out**은 일반적으로 물건들이 오래돼서 '닳아빠진/낡은' 이란 의미로 쓰이는데, 사람을 설명할 때는 '기진맥진한' 이란 뜻이다. 위의 상황에서는 exhausted(지쳐빠진)를 사용할 수도 있으며, 이 exhausted는 '고갈된' 이란 의미도 있다.

▶ 위 문장에서 pack은 '~으로 꽉 차다' 라는 뜻으로 쓰이고 있다.

▶ 전철이나 기차의 한 칸을 뜻할 때는 car를 사용한다.

영재의 문화 탐방

지하철의 역사와 규모면에서 따진다면 아마 뉴욕의 지하철이 세계 제1위일 것이다. 뉴욕은 남북전쟁(Civil War)이 끝난 후 미국에서 가장 급성장한 도시 중의 하나다. 도시의 성장과 더불어 인구가 폭발적으로 증가하게 되었고, 그에 따른 교통체증(traffic jam)으로 도시는 거의 마비 지경에 이르렀다. 이때 생각해낸 해결책이 지하철이었다. 1868년에 비공식적으로 시작된 이 지하철 공사는 1904년에야 비로소 개통되었다. 그후 뉴욕의 지하철은 현대 도시를 대표하는 산물로 1940년대에는 미국의 진주(marvels)라고 불리게 되었다. 계속된 발전과 확장으로 현재 총 길이 700마일(1127km)에, 25개의 라인으로 그 이용객만도 매년 십억이 넘는다. 종종 영화에서 볼 때, 그리고 실제로 뉴욕에서 전철을 타본 사람들은 의외로 낡고 더러운 모습에 실망했을 것이다. 필자가 한국에 처음 왔을 때 무더운 여름날에 전철역 플랫폼(platform) 천장에서 시원한 에어컨 바람이 나와 놀란 적이 있었는데, 뉴욕 전철에서는 상상도 할 수 없는 일이다. 미국의 경우 전철 객차에만 에어컨이 설치되어 있기 때문에 플랫폼에서 전철을 기다리는 사람들은 땀으로 흠뻑 젖는 경우가 허다하기 때문이다. 이러한 불편에도 뉴욕 전철에는 아주 큰 장점이 있는데, 바로 전철의 연계성이다. 우리의 세 배가 넘는 25개 라인이 거미줄처럼 얽힌 복잡한 시스템에도 불구하고 다른 라인으로 바꿔 탈 경우에는 내려서 바로 그 자리에 서서 기다리거나 아니면 맞은편 승강장에서 원하는 라인으로 갈아탈 수 있기 때문에 서울처럼 올라갔다 내려갔다 복잡하게 선을 따라가는 것이 없고, 또한 24시간 내내 운행되기 때문에 뉴욕이 잠을 자지 않는 도시라는 명성을 얻게 된 것 같다.

CONVERSATION 4

A Let's **pack** a gun just in case.
만일의 경우에 대비하여 총을 **가지고** 가자.

B Oh, that'll only cause more trouble.
그것은 단지 더 많은 문제를 일으킬 거야.

- 영화에서 pack은 '총을 휴대하다' 라는 뜻으로 쓰이는 것을 볼 수 있는데 "Are you packed?" 라고 했을 때 '짐을 다 쌌니?' 라는 뜻도 되지만 위 상황처럼 '총을 휴대하고 있니?' 라고 해석할 수도 있다.

- **just in case**는 '만약을 대비해서' 라는 뜻인데, 일상생활에서 많이 사용되니 외워두면 좋다.

- **cause**가 위의 문장처럼 '~이 발생하다' 라는 의미인데 명사형으로 '원인' 이란 뜻으로도 많이 쓰인다.

35 Paper
종이인 줄 알았지?

At least it sounds great on paper.
적어도 서류상으로는 좋던데.

Paper는 거의 →1) '종이' 라는 뜻으로만 알려져 있다. 그 외에 이미 언급했듯이 →2) '리포트' 란 뜻도 있고 →3) '신문' →4) '서류' 라는 의미로도 많이 사용된다. 이렇듯 다양한 의미가 있기 때문에 토플·토익 시험, 특히 청취 부분에서 단골로 나오는 단어다.

 **SENTENCE**

Ⓐ **In order to protect the environment, we need to use more recycled paper.**
환경을 보호하기 위해, 우리는 재활용 **종이**를 더 많이 사용하도록 해야 한다.

- 위 문장에서는 environment가 '환경' 이란 뜻인데 상황에 따라서는 '주위' 라는 뜻으로도 사용된다.

- **recycled paper**는 '재활용 종이' 를 가리킨다. 이때 사용된 cycle이 '순환하다' 라는 개념에서 '다시' 라는 're-' 가 붙어 '재활용' 이란 뜻이 된다.

CONVERSATION 1

A Do you need anything from the drugstore?
가게에 가는데 필요한 것 있어?

B Yeah, get me some **wrapping paper** and a birthday card.
응, **포장지**하고 생일 카드 좀 사다줄래?

> 어휘
> 표현
> 설명

- **paper** 앞에 붙는 형용사에 따라 paper의 뜻이 달라지는데 'wrapping(포장) paper(종이)'는 '포장지'를 뜻한다.

CONVERSATION 2

A I can't believe it! The teacher's union is threatening to go on strike.
세상에 이럴 수가. 교조에서 스트라이크할 거라는데.

B Where did you find that out?
어디서 들었니?

A It was in today's **paper**.
오늘 **신문**에 났어.

> 어휘
> 표현
> 설명

- **union**은 '모임'이란 기본적인 뜻이 실생활에서는 여러 의미로 사용되는데 위의 대화에서는 '노조(labor union)'란 의미다. 또한 토플 시험에서는 the student union' 또는 줄여서 'the union' 이라고 나오는데 그때는 '학생회관' 을 뜻한다.

◉ 신문을 'newspaper' 라고도 하지만 간단하게 'paper' 라고도 한다.

CONVERSATION 3

Ⓐ How about a movie tonight?
오늘 영화 보러 가는 것 어때?

Ⓑ I'd love to, but I have to work on a history paper.
그러고는 싶은데, 역사 **리포트** 써야 해.

| 어휘 |
| 표현 |
| 설명 |

◉ 'How about...?' 란 질문형을 사용할 때는 여러 의미가 있을 수 있지만 대부분 위와 같이 '~을 하는 것이 어떠니?' 즉, '~을 하자!' 라는 청유형으로 사용하는 경우가 많다.

◉ 위의 대화에서는 paper가 '리포트' 라는 의미로 사용되고 있다.

> **영재의 문화 탐방**
>
> 미국 대학생활의 상당한 비중을 차지하는 paper에 대해 좀더 자세히 알아보자. 우리가 학교에서 제출하는 보고서라는 개념의 리포트는 미국에서는 고등학교까지 리포트라고 한다. 하지만 대학에서는 리포트 대신에 페이퍼(paper)라고 하는데 똑같은 의미다. 일반적으로 대학교 1~2학년 때는 시험과 페이퍼를 각각 50퍼센트씩 성적에 반영하는데, 길이는 보통 2~6페이지 가량 된다. 고학년으로 올라갈수록 작성하는 페이퍼 양이 늘게 되는데 대략 10~15페이지다. 인문 계열의 졸업반 세미나의 경우에는 학기말에 20~25페이지에 달하는 페이퍼를 제출해 점수를 받기도 한다.
>
> 이렇듯 매번 자신이 주장하는 이론을 정리해서 페이퍼로 제출하는 기회가 많은 인문 계열 전공 대학생들은 creative writing(창작문) 전공자 못지않게 탁월한 글쓰기 능력을 갖추게 된다. 그래서 한국에서는 사학이나 철학을 전공하면 취업하는 데 특별한 기술(skill)이 없어 불리하지만 미국에서는 회사에서 리포트 작성을 중요시 여기기 때문에 인문 계열 전공자들이 채용시 우대를 받는 경우가 많고, 또 논리적인 생각과 표현을 중요시하는 법대에 진학해 변호사가 되는 경우도 매우 많다.
>
> 한국 유학생들이 학교 생활에서 영어 때문에 어려움을 많이 겪지만, 그 중 가장 힘들어하는 것이 바로 이 페이퍼 작성인데, 작문에 필요한 논리적 전개도 익숙하지 않지만, 문법도 또한 제대로 적용하지 못하기 때문이다.

CONVERSATION 4

A Did you get to take a look at Peter's proposal?
피터가 제출한 제안서 한번 봤어?

B I had a peek at it. At least it sounds great **on paper**.
언뜻 봤는데, 적어도 **서류상으로는** 좋던데.

> 어휘
> 표현
> 설명

- 한국에서 프로포즈(propose)는 청혼이나 데이트 신청 정도로 알고 있지만 실제 '제안하다' 라는 의미로 더 많이 사용된다. 이 propose의 명사는 proposal인데 위 상황에서처럼 '제안서' 라는 의미로 많이 사용한다.

- **peek**은 명사형으로 '흘끗 봄' 이란 뜻이 되고 'have a peek at' 은 '언뜻 한 번 보다' 라는 의미의 숙어다. 동사형으로 '살짝 보다' 라는 의미로 철자가 거의 같은 'peep(엿보다)' 과 같은 뜻이다. 재미있는 것은 관음증 있는 사람을 'Peeping Tom' 이라고 한다.

- **on paper**는 '서류상으로는' 의 뜻이다.

36 - 1　Pay

반드시 대가가 있어요

I guess it pays to keep up the good work like him.

그와 같이 열심히 일하는 사람에게 합당한 보상이 주어진다고 생각해.

　　Pay는 기본적으로 →1) (어떤 행위에 대한 대가로서) '돌려주다/돌려받다' 라는 개념에서 응용되어 다양한 풀이가 가능하다. 물건 따위를 제공받은 후 돌려주는 행위 →2) '지불하다', 직장에서 노동력을 제공 후 돌려받으면 →3) (봉급을) '받다', 착한 일을 한 후 돌려받으면 →4) '보상받다', 부주의나 좋지 못한 행위 등으로 인해 돌려받는 손해는 →5) '대가를 치르다' 라는 뜻으로 사용된다.

CONVERSATION 1

A How would you like to pay, sir?
어떻게 **지불하시겠습니까**, 손님?

B Do you accept personal checks?
개인 발행 수표도 받습니까?

A We do, but we need to see your driver's license.
받습니다만, 운전 면허증 좀 보여주시죠.

| 어휘 |
| 표현 |
| 설명 |

- 위 대화의 pay는 우리가 가장 잘 알고 있는, 물건을 샀거나 음식을 먹고 난 후 '(값을) 지불하다' 라는 뜻이다.

- 우리나라에서는 신분증(ID : Identification Card)으로 주로 주민등록증이 가장 흔하고 다음으로 운전 면허증도 쓰이지만, 미국에서 신분증이라면 운전 면허증이 가장 대표적이다. 그래서 신분증을 요구하는 상황에서 ID가 있는지 물어보지 않고 오히려 운전 면허증이 있는지 물어본다.

영재의 문화 탐방

지불 수단으로 우리나라 사람들은 현금을 가장 많이 사용하는 데 비해 미국인들은 개인이 발행한 수표(personal check)를 사용한다. 이를 사용하려면 먼저 은행에서 checking account(당좌예금)를 개설해야 한다. 그러면 은행에서는 check book(수표책)을 주는데 돈을 지불할 때 이 수표책에서 한 장 뜯어 사인을 하면 된다. 따라서 미국에서는 송금을 하거나 세금을 낼 때 흔히 온라인보다는 personal check로 지불하는데, 청구서가 오면 개인 수표를 발행해서 우편으로 보내면 된다. 미국에서의 check(수표)는 현금의 의미가 강하며, rent check라고 하면 월세를 말하고(월세를 개인이 발행하는 수표로 지급하는 데서 유래), "Did you get your paycheck today?(오늘 봉급 받았어?)"와 같이 일상생활에서 paycheck는 '봉급' 이라는 개념으로 주로 쓰인다.

CONVERSATION 2

A That was a wonderful dinner.
아주 멋진 저녁식사였어요.

B Since I got paid today, the dinner is on me.
오늘 내가 **봉급 받았으니까**, 저녁은 내가 살게.

- 위 대화에서 '봉급을 받다' 라는 뜻으로 'get paid' 라고 표현하는데 여기서 'get' 은 '얻다' 라는 동사 역할을 한다. 문법상으로 한 가지 기억할 것은 get 뒤에 나오는 pay는 항상 과거분사 paid여야 한다.

- **on me**를 직접적으로 해석하면 '~을 내 위에' 인데 대부분의 경우 '내가 (돈을) 낼 게' 라는 뜻으로 해석된다.

CONVERSATION 3

A I just heard Jason got promoted.
제이슨이 승진했다고 들었는데.

B I did too. I guess it **pays** to keep up the good work like him.
나도 들었어. 그와 같이 열심히 일하는 사람에게 합당한 **보상이 주어진다고** 생각해.

- 위 대화에서 pay는 좋은 일로 인해 '보상받다' 라고 해석하면 된다.

◉ **keep up**은 '유지하다' 라는 뜻의 숙어다. 또한 어떤 상황에서는 keep up이 '계속하다/보존하다' 라는 뜻으로도 사용될 수 있다.

CONVERSATION 4

Ⓐ My God! I failed the test.
세상에, 나 낙제했어.

Ⓑ That's obvious. You just paid for your laziness.
당연하지. 게으름을 부려서 받은 **대가야**.

어휘
표현
설명

◉ **fail the test**에서 fail은 통과해야(pass) 할 것에 실패했다는 개념으로 쓰인다.

◉ 위 대화의 pay는 게으름(laziness)으로 인한 결과, 즉 '대가를 치르다' 라는 의미다.

36 - 2 Pay

반드시 대가가 있어요

I guess going to the gym everyday really paid off.

매일 체육관 다닌 것이 결실을 맺은 것 같아.

 Pay와 관련된 숙어 또한 실생활에 자주 쓰이는 것들이다. 아무래도 pay가 금전적인 의미가 담겨 있기 때문인지 숙어 또한 돈과 관련된 의미가 많다.
 먼저 pay off를 보자. 이 숙어는 세 가지 독특한 의미를 가지고 있다. 즉 상황에 따라서 →1) '완불하다' →2) '뇌물을 주다' →3) '결실을 맺다' 라는 의미로 쓰인다.

 **SENTENCE**

ⓐ It took Justin 15 years to pay off his student loan.
저스틴이 학자금 융자받은 것을 **갚는** 데 15년이 걸렸어.

- take란 동사가 시간적인 표현이 담긴 문장에 나오면 대부분 '(시간이) 걸리다' 라는 의미로 사용된다. 특히 'It takes+사람+시간+to+동사원형' 의 구조로 자주 사용되니 이 표현을 외워두면 편하다.

- 위에서 pay off란 실생활에서 가장 많이 쓰이는 '완불하다' 라는 의미로 사용된다.

▶ **영재의 문화 탐방**

대학생 자녀를 둔 한국의 가정에서는 등록금으로 매우 힘들어 하는데 미국도 마찬가지다. 미국 사립대학을 예로 들면, 생활비까지 합쳐 연간 3,000만 원(25,000달러)이 넘는 돈이 필요한데 부모가 전부 부담하기엔 불가능한 액수다. 그래서 미국인들은 보조금이나 융자를 많이 이용한다. 연방정부(federal government)와 주정부(state government)는 대학생들에게 가족 수입에 비례해 학자금 보조금(financial aid)을 제공해준다. 학생들은 총금액의 3분의 1 가량을 보조금으로 충당한다. 공부를 잘하는 학생들은 장학금으로 3분의 1을 해결하고, 나머지 3분의 1은 부모님의 도움을 받거나 학자금 융자를 받는다. 학자금 융자는 정부의 보증하에 각 은행들이 시중금리보다 훨씬 낮은 금리로 학생들에게 융자를 해준다. 그래서 돈이 많은 사람들도 저금리로 학자금 융자를 받는 경우도 있다. 대학교뿐만 아니라 대학원까지 융자를 받으면 1억이 넘는 액수가 되는데, 졸업 후 10~15년에 나누어 상환하기 때문에 졸업 후에는 보조금과 융자금을 갚느라 적잖이 고생하기도 한다.

 **CONVERSATION 1**

ⓐ I can't believe that the jury found him not guilty.
배심원들이 그를 무죄라고 판결한 게 믿어지지가 않아.

ⓑ I bet the jury had been paid off.
내 맹세코 말하는데 배심원들이 **뇌물을 받았다**고 생각돼.

어휘
표현
설명

- **jury**는 '배심원' 이란 뜻이다. 미국 법정에서는 배심원이 피고의 유죄나 무죄 판결

을 결정한다. 판사(judge)가 하는 일은 상대편 변호사나 검사가 증인을 지나치게 심문할 때 중재인 역할을 하거나 재판 스케줄을 관리하고, 피고가 유죄 판결을 받았을 경우 형벌에 따른 형량이나 손해 배상 액수를 결정한다.

- **guilty**는 '유죄' 라는 뜻이다. '무죄' 는 innocent다. 다만 재판시에 배심원이 판결을 발표할 때는 'guilty' 또는 'not guilty' 라고 표현한다.

- **pay off**가 위 상황에서는 '뇌물을 받다' 라는 의미로 쓰였다.

A **You look great, John!**
존, 멋있어 보이는데.

B **Yeah, I guess going to the gym everyday really paid off.**
매일 체육관 다닌 것이 **결실을 맺은** 것 같아.

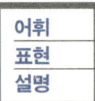

- **look great**는 옷을 잘 입어서 멋있어 보일 때도 쓰이고, 운동을 열심히 해서 건강해 보인다는 의미로도 쓰인다.

- 여기서의 pay off는 '어떠한 노력에 대한 결실을 맺다' 라는 의미다.

✱pay up [돈을 갚다]
이 숙어는 돈을 빌려간 사람이 시간을 끌며 돈을 잘 안 갚을 때 주로 쓰인다.

B **Come on** Jason, it's been two months since you borrowed $100 from me. Now is the time to **pay up**.
이봐 제이슨, 100불 빌린 지 두 달이 다 되었어. 이제 **갚을** 때 되었잖아.

- **Come on**은 조금 짜증나는 경우에 '야/이봐' 라는 표현이다.

- 단순히 물건을 빌리거나 돈을 빌리는 경우에는 borrow를 주로 사용한다. rent 또는 lease도 '빌리다' 라는 의미가 있지만 이때는 주로 돈을 주고서 물건 따위를 빌리는 경우다.

⁕pay back [빚을 갚다, 복수하다]

A **Come on**, I'll buy you dinner.
가자, 내가 저녁 살게.

B You told me you were **broke** yesterday.
어제 돈이 다 떨어졌다고 했잖아.

A Susan just **paid** me **back** the $100 that she owed me.
수잔이 나한테 빌려간 100달러를 방금 전에 **갚았어**.

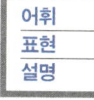

- 위 대화의 come on은 SENTENCE B의 come on과는 다른 뜻으로, 짜증나는 뉘앙스는 전혀 없고 '야, 가자' 로 주위를 환기시키는 표현이다.

- **broke**는 '파산한' 의 뜻이다. '돈이 아주 없다' 라는 표현을 과장해서 가끔씩 '땡전 한푼 없다' 라고 표현하는데 영어로 이와 같은 표현을 하고 싶으면 "I'm broke." 라고 하면 된다.

 **SENTENCE**

ⓒ I'll pay you back for what you did to me.
나한테 한 것을 꼭 **복수할** 테다.

⊕ **pay back**이 '복수하다'는 뜻으로 사용되었다.

그래, 넌 할 수 있어 **Permit** 37

If weather permits. 날씨만 가능하다면.

Permit은 주로 → 1) '~을 허용해서 가능하게 하다' 라는 뜻으로 사용되는데, 명사로 사용되면 → 2) '허가증/면허증' 라는 의미로 해석된다.

 **CONVERSATION 1**

A Can I smoke here?
여기서 담배 피워도 될까요?

B I'm sorry, but smoking is not **permitted**.
죄송합니다만, 여기는 흡연이 **허용되지** 않습니다.

어휘
표현
설명

⏵ 위의 permit은 '허가되다' 라는 뜻이다. '금지되다' 는 의미로 'prohibit(ed)' 가 있지만 위에서처럼 'not permitted' 를 사용할 수도 있다.

215

CONVERSATION 2

A Can we go to the barbecue tomorrow?
내일 야유회 갈까?

B Sure, if the weather permits.
응, 날씨만 **가능하다면**.

- **go to the barbecue**는 '바비큐 구워 먹으러 야외로 간다' 라는 개념에서 '야유회 가다' 라는 의미인데 우리가 잘 알고 있는 'go on a picnic' 으로 바꾸어 쓸 수도 있다. "Let's have a barbecue." 란 표현은 '(뒤뜰에서) 고기나 구워 먹자' 라고 해석한다.

- 위 대화의 permit은 '가능하게 하다' 라는 뜻으로 쓰였다.

CONVERSATION 3

A This is the perfect spot for camping.
캠핑하기에 더할 나위 없이 좋은 장소야.

B But don't we need a permit to set up camp?
그런데 캠프를 설치하기 전에 **허가(증)**가 필요하지 않을까?

- **spot**이 여기서는 '장소' 라는 뜻이지만, 다른 상황에서는 '점·얼룩', 동사로 사용될 경우에는 '목격하다, 찾다' 등 다양한 의미를 지니고 있으므로 토플 시험에서 자주 출제된다.

- **permit**은 명사로 '허가(증)' 라는 뜻이다.

- **set up**이 여기서는 '텐트를 설치하다' 라는 뜻이다. 그리고 형사들이 잠복 근무로 범인을 잡을 경우에도 이 숙어를 사용한다.

영재의 문화 탐방

불과 몇백 년 만에 그 거대한 미국 땅이 세계 제일의 나라가 되었다는 것은 아주 경이로운 일이다. 하지만 워낙 땅이 넓어서 그런지 아직도 숲으로 덮인 곳이 많다. 그래서 그 어느 나라보다 자연과 가깝게 지낼 수 있으며 그 웅장함을 느낄 수 있다. 이렇게 미국의 숲이 도시화에 무차별적으로 침식당하지 않고 보호될 수 있었던 것은 19세기부터 미국 정부가 경치가 좋고 또 야생동물이 많은 곳을 국립공원(national park)으로 지정했기 때문이다.

국립공원은 멸종 위기에 처한 동물들에게는 안전한 보호 지역이며, 자연을 즐기러 오는 사람들에게는 편안한 쉼터다. 이러한 국립공원에 위치한 강에는 물고기가 많은데 그렇다고 아무 데서나 낚시를 했다가는 큰 낭패를 당할 수 있다. 자연 보호의 일환으로 국립공원의 특정 지역에서는 물고기를 잡으려면 fishing permit(낚시 허가증)을 받아야 한다. 사냥도 할 수 있지만 동물들의 번식 습성에 따라 사냥철이 정해져 있고, 역시 hunting permit(사냥 허가증)을 받아야 한다. 그리고 캠핑을 하기 위해 무조건 경치 좋은 아무 곳에나 텐트를 쳐서는 안 되며, 반드시 지정된 장소에서 캠핑 허가증(camping permit)을 받아야만 가능하다. 만약 정해진 규정을 지키지 않으면 상당한 액수의 벌금을 물어야 한다.

38 - 1 Pick   바로, 너

You need to pick your words carefully today.

오늘은 말을 가려서 해야 될 것 같은데.

Pick은 → 1) '물건/사람을 가려서 선택하다' 라는 것이 기본적인 개념이다. 하지만 이러한 의미가 실생활에서는 상황에 따라 여러 가지로 해석된다.

 **CONVERSATION 1**

Ⓐ Which shirt looks better on me, blue or yellow?
파란색과 노란색 중에서 어느 것이 나한테 잘 어울려 보여?

Ⓑ I'd pick the blue one.
나 같으면 파란색을 **고를** 거야.

> 어휘
> 표현
> 설명

◉ **look better on**은 '~에게 더 잘 어울려 보인다' 라는 의미다.

◉ 위 대화에서의 pick은 우리가 잘 알고 있는 '고르다/선택하다' 라는 뜻으로 사용되고 있다.

 **CONVERSATION 2**

Ⓐ Your boss sure is irritable this morning.
당신 상관이 오늘 아침에는 확실히 신경질적이야.

Ⓑ Yeah, you need to pick your words carefully today.
응, 오늘은 말을 **가려서** 해야 될 것 같은데.

> 어휘
> 표현
> 설명

◉ **boss**라는 단어는 흔히 '우두머리/사장' 이란 뜻이며, 주로 규모가 작은 회사나 구멍 가게 사장을 말한다. 일반 회사에서 사용될 때는 '직장 상사' 를 뜻하기도 한다. 그리고 "What's up, boss?(형씨, 요즘 어때?)" 와 같은 대화도 일상생활에서 종종 들을 수 있는데, 이는 남자들끼리 서로의 이름이나 직책을 잘 모르는 상태에서 말을 걸거나 친해지고 싶은 경우에 'boss' 를 쓴다.

- 위 대화에서는 pick이 '~을 가려내다' 라는 뜻이다.

- **word**는 단수형으로 사용될 경우에는 '단어' 라는 뜻이지만 복수형일 때는 '말' 이란 의미를 가지고 있다.

 **SENTENCE**

Ⓐ Stop picking your nose!
코 좀 그만 **후벼라**!

- 위 상황에서는 '(귀나 코 따위)를 후비다' 라는 뜻이다.

 **CONVERSATION 3**

Ⓐ You look upset.
화가 난 것 같아 보이던데.

Ⓑ Of course! I just got my pocket picked on the way to work.
당연하지! 회사로 오는 중에 **소매치기당했어**.

어휘
표현
설명

- **pick**이 '~을 슬쩍 훔치다' 는 뜻으로 쓰이고 있다.

- **on the way to**는 '~가는 길' 이란 뜻이다.

▶ 영재의 문화 탐방

일반적으로 미국은 한국보다 소매치기를 당하는 경우가 많진 않지만 그와 유사하게 황당한 일을 당하는 때가 종종 있다. 특히 뉴욕처럼 관광객이 많이 모이는 도시에서는 관광객들을 노리는 사기꾼(fraud)들이 많다.

가장 흔한 수법 중의 하나는 사기꾼들이 10명 미만으로 팀이 되어 카드놀이를 위장한 사기다. 빈 박스로 테이블을 만들어 세 개의 카드 중에 지정된 한 개의 카드를 뽑으면 돈을 주는 식으로, 바람잡이들이 손님으로 가장해 일부러 두세 판 이겨 20달러에서 많게는 100달러를 한번에 걸어 불과 두세 판 만에 수백 달러를 버는 듯한 인상을 준다. 이때 지나가던 관광객 중에 흥미를 느끼는 사람이 있으면 부추겨 일단 100달러 가량 벌게 해준 다음, 번 100달러에다 자신의 100달러를 합해 다시 판돈을 걸게 해 마치 400달러를 벌 수 있는 것처럼 해놓고서 본색을 드러내 속임수를 써서 완전히 울궈먹는다.

뉴욕 거리에서 사기놀이를 하는 사기꾼은 한 사람이 아니라 바람잡이가 여러 명 있고 거리 양끝에서 경찰 순찰을 망보는 이들까지 합쳐 열 명 가량의 사람들이 가담해 치밀한 작전하에 사기를 친다. 한국에서도 버스에서 소매치기들이 직접 손님의 호주머니를 뒤지는 사람과 바람잡이 그리고 망을 보는 사람 등 여러 명이 한 팀을 이루고 있다.

38 - 2 Pick

바로, 너

He always picks on me.

그는 항상 나를 괴롭혀.

Pick과 관련된 숙어를 살펴보도록 하자.

＊pick on [～를 비판하다 / 괴롭히다]

CONVERSATION 1

Ⓐ **Why do you look so depressed?**
왜 그렇게 우울해 보여?

Ⓑ **It's my teacher. He always picks on me.**
우리 선생님 때문이야. 항상 나만 **괴롭혀**.

* **pick out** [구별하다]

* **pick up** [태우다, 연행하다, 배우다]

Ⓐ Whose car is that? I can't really pick it out.
저 차 누구 거야? **구분할** 수가 없어.

Ⓑ It's John's car. He is coming to pick us up.
존의 차야. 우리를 **태우러** 오고 있는 중이지.

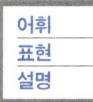

- **pick out**은 (특성 따위를) 가려서 밖으로 표출하는 개념을 나타내므로 '~을 구분하다' 로 해석된다.

- **pick**과 관련된 숙어 중에 '태우다' 라는 의미인 'pick up' 이 있다. 이 숙어는 '맡기다/데려다주다' 라는 'drop off' 와 함께 외우는 것이 좋다. 세탁소 같은 곳에 물건을 맡길 때나 사람을 데려다주는 경우에 drop off를 사용하고, 그 반대로 물건을 찾을 때나 데리러가는 경우에는 pick up을 쓰기 때문에 실생활에 필수적인 숙어다. 또한 토플 청취 시험에서도 이러한 숙어들이 많이 나오니 기억해두도록 하자.

Ⓐ Detective Smith, where are you going?
스미스 경관님, 어디 가세요?

Ⓑ I'm going downtown to pick up a suspect.
용의자를 **체포하러** 시내에 가는 중이야.

> 어휘
> 표현
> 설명

- **detective**나 **doctor**처럼 직책을 나타내는 단어 뒤에는 항상 성(surname)이 온다.
- 위 대화에서 detective란 단어가 나왔기 때문에 상황상 pick up이란 숙어는 '~를 체포하다' 라는 뜻이다.

- **suspect**가 명사로 쓰였기 때문에 '용의자' 라는 뜻이 된다. 동사로 사용되면 '의심하다/수상하게 여기다' 라는 의미다.

CONVERSATION 4

A I didn't know you played the guitar.
기타 치는 줄은 몰랐어.

B Yeah, I picked it up over the summer.
응, 여름에 **배웠어**.

> 어휘
> 표현
> 설명

- 위의 경우에는 '데려오다/입수하다' 라는 뜻에서 의역이 되어 '배우다' 라는 의미가 된다.

영재의 문화 탐방

우리나라 학교는 여름방학보다 겨울방학이 길지만 미국 학교는 그 반대다. 대학교는 여름방학이 5월 중순에 시작되어 9월 초까지며, 중·고등학생들의 경우에는 6월 중순에 시작해 9월 초까지 이어진다. 우리가 3월에 학기가 시작되어 새로운 출발, 새로운 결심을 하듯이 미국 학생들은 9월에 학기가 시작되므로 여름은 그에 대한 준비 기간으로 새로운 것에 도전하는 경우가 많다. 그래서 미국 학생들은 긴 여름방학 동안에 계획을 세워 특별한 뭔가를 한다.

일반적으로 부유층에서는 방학이면 온 가족이 4~6주간 여름 별장에서 지내지만, 그렇지 않은 일반 대학생들은 학비를 벌기 위해 인명 구조 요원(life guard), 중·고등들의 캠핑 지도교사(camp instructor) 등의 일을 하는데, 그도 안 되는 경우에는 음식점에서 시간제로 일한다. 식당 종업원(Waiter나 Waitress)으로 일하면 육체적으로는 힘들지만, 일하는 시간이 자유롭고 팁(tip)제이기 때문에 비교적 높은 수입을 올릴 수 있어 학생들에게 상당히 인기 있는 일자리다.

휴식 코너 5

많은 사람들이 미국에 가기만 하면 영어가 저절로 잘될 것이라고 생각한다. 그래서인지 요즘 조기 유학이다, 이민을 간다는 등의 말이 나오는 것 같다. 물론 한국에 있는 것보다 미국에서 생활하면 영어를 잘할 기회는 되겠지만 그렇다고 모든 사람들이 저절로 영어를 잘하게 되는 것은 아니다. 필자 또한 열 살이라는 나이에 가족을 따라 미국으로 이민을 갔지만 미국 땅에서 한국 사람들이 두 번째로 많다는 뉴욕에서 고등학교까지 다니다 보니 미국에 살았던 햇수에 비해 영어가 썩 늘지 않았다.

학교에서 몇 마디 영어하는 것 외에는 모든 생활이 한국말로 이루어졌기 때문에 오히려 어른들에게서 어려서 왔는데 한국말을 잘한다고 칭찬받을 정도였다. 물론 어려서 미국에 왔고 또 어느 정도 살았기 때문에 영어를 미국 아이들처럼 아주 유창하게 하는 것으로 여기고 칭찬을 하셨던 것이다. 하지만 이런 경우가 필자뿐 아니라 한국인이 밀집된 곳에서 성장 한 교포 1.5세들의 공통적인 고민 또는 문제이기도 하다. 몇 년 전 필자가 다니던 대학 캠퍼스에서 영어를 잘 못하는 한국 교포학생이 술을 마시고 난동을 부려 대학(campus) 신문에 기사화된 적이 있었다. 한국에서 온 지 얼마 안 되어 외국에서의 생활이 너무 외로웠구나 하는 안타까운 생각이 들었다.

그런데 문제는 그 학생이 미국에 온 지 1~2년이 아니라 초등학교 3학년 때 왔는데도 한인들이 많은 곳에 줄곧 살다 보니 영어를 제대로 못한다는 것이었다. 게다가 그 학생이 한국말도 제대로 하지 못해 안타까움이 더했다. 즉 아주 애매한 시기에 미국에 와서 영어를 모국어로 받아들이지도 못하고, 그렇다고 실제 모국어인 한국말도 제대로 하지 못하는 어처구니없는 일이 벌어지게 되었는데, 이러한 문제는 비단 그 학생에게만 한정된 게 아니라는 것이다.
다행히 필자는 대학에 진학해 철학과 역사를 전공하면서 영어가 늘게 되었다. 이 과목들의 특성상 말로 자신의 생각을 표현해야 되는데, 제대로 수업받기 위해 노력하다 보니 언제부터인가 영어가 더 이상 두려운 존재가 아닌 자신 있는 또 하나의 언어가 되어 있었다. 결론적으로 영어를 잘하기 위해서는 무조건 영어 자체만을 위해서 노력할 것이 아니라, 자신의 관심사나 목적에 따라 영어를 자신 있게 구사할 수 있는 기회를 가져야 한다는 점이다. 이는 영어가 느는 최상의 기회다.

39 Positive

항상 좋은 것은 아니에요

I'm positive.

확실해.

Positive는 사전적 의미로→1) '확신하는/명확한' →2) '긍정적인'의 뜻으로 흔히 쓰이지만, 상황에 따라 기본적인 의미와 관계가 먼 →3) '양성적인'이란 뜻도 있다.

A **Hey, I just heard that we'll get a big bonus for our holiday vacation.**
이번 휴가 보너스가 제법 많이 나온다는데.

B Come on, we heard the same thing for our last vacation.
설마, 작년에도 그런 말이 있었지만, 소문뿐이었잖아.

A No, really! We'll get it.
진짜라니까. 이번에는 정말이래.

B Are you sure?
정말 확실해?

A Yeah, I'm positive.
그럼, **확실하지**.

- **No, really!**는 자신의 말을 믿지 못하는 상대방에게 '진짜라니까' 라는 뜻으로 사용된다.

- **positive**가 '확신하는'의 뜻으로 쓰일 때는 주로 자신이 한 말에 대해 반신반의하는 상대방에게 자신의 말이 분명하게 맞다는 것을 나타낼 때다.
이때 상대방은 주로 "Are you sure?(정말이야? 확실해?)"라고 물어보는데, 대답으로는 "I'm positive.(확실하지)" "Absolutely!(그럼, 확실하지!)"가 주로 쓰이지만, 두 개를 합쳐 "I'm absolutely positive.(그래 정말이야, 확실해)"라고 하면 100퍼센트 확신한다는 느낌의 보다 강한 표현법이 된다.

CONVERSATION 2

A I heard John went to the hospital yesterday for some testing. Do you know whether he got the results of the test yet?
어제 존이 병원에 무슨 검사 받으러 갔다고 들었는데, 결과 나왔는지 알아?

B Yeah, fortunately he was very positive about his results.
응, 다행히 결과가 **긍정적이래**.

어휘
표현
설명

- 위 문장에서는 다행스럽게 결과가 긍정적으로 나왔으므로 염려한 것과는 다르게 John이 병에 걸리지 않았다는 결론이 된다.

 똑같은 질문에 대해 "Yeah, unfortunately the results of his test came out positive.(응, 근데 양성 반응이 나왔대)"라고 하면 병원에서 검사한 결과 병에 양성 반응이 나왔으므로 John이 병에 걸렸다는 뜻이 된다. 이처럼 positive라는 대답에 상반된 결과가 나올 수도 있다. 영어 단어를 공부할 때 한 단어에 한 가지 뜻만 있다고 외우면 위와 같이 정반대의 뜻으로 해석이 될 수 있는 상황에서 매우 혼동할 수 있으므로 항상 문맥 속에서 단어를 파악해야 한다.

언제나 앞날을 생각해야죠

Project 40-1

Did you hear about the project to renovate the library?

도서관을 새로 수리한다는 계획에 대해 들었어?

Project는 →1) '기획/계획'의 의미가 우리에게 가장 익숙한데, 그 이외에 →2) '학교 숙제' 또는 →3) '저소득층을 위한 아파트'라는 의미도 있다.

CONVERSATION 1

A Did you hear about the **project** to renovate the library?
도서관을 새로 수리한다는 **계획**에 대해 들었어?

B I sure did. It sounds very ambitious.
그럼 들었지. 대규모 공사가 되겠는데.

| 어휘 |
| 표현 |
| 설명 |

▶ 위 문장에서 project는 '기획/계획'의 뜻으로 쓰이고 있다.

▶ 요즘 한국에서 유행하고 있는 건물 내부만 새로 수리하는 것을 우리는 리모델링 (remodeling)이라고 하지만 같은 개념으로 미국에서는 renovate의 명사형 renovation이라는 단어를 쓴다. 비슷한 의미지만 토플 독해에서는 유적지를 '복구하다' 는 뜻으로 restore라는 동사형과 restoration이란 명사형을 쓴다.

CONVERSATION 2

Ⓐ You look tired.
피곤해 보이는군.

Ⓑ I haven't slept for days because of my science project.
과학 **숙제** 때문에 며칠 동안 한잠도 못 잤거든.

| 어휘 |
| 표현 |
| 설명 |

▶ 위 대화에서는 '학교 숙제' 라는 뜻으로 사용되고 있다. 특히 과학과 관련된 과제를 얘기할 때는 'science project' 란 표현을 많이 쓴다.

▶ 위에서 for days는 발음상으로 four days로 들려 4일 동안 한잠도 못 잤다고 생각하기 쉬운데 일반적으로 위와 같은 내용의 대화에서 '포 데이즈' 라는 발음이면 거의 대부분 for days라는 뜻이다.

CONVERSATION 3

Ⓐ There was another drug related shooting in the projects yesterday.
어제 **프로젝트**에서 마약과 관련된 총격 사건이 또 있었어.

Ⓑ Yeah, that place is getting to be really dangerous.
응, 그 지역이 점점 갈수록 위험해지고 있어.

| 어휘 |
| 표현 |
| 설명 |

- **drug**은 상황에 따라 '약' 또는 '마약'이 될 수 있다. 위 상황은 shooting(총격)이란 뜻 때문에 '마약'이라고 해석할 수 있다. 일상생활에서 약을 표현할 때 medicine 이란 단어를 더 많이 사용한다. drug이 약을 뜻할 때는 prescription drug(처방약)의 뜻으로 주로 사용된다.

- **...related**란 표현이 대화에서 많이 사용되는데 그 뜻은 '~과 관련된'이다.

- 위에서 사용된 project는 housing project의 줄임말로, 정부 지원하(subsidy)에 건설된 저소득층을 위한 고층 아파트 단지를 말한다. 굳이 한국과 비교하자면 임대 아파트와 약간 비슷한 의미가 될 것이다.

영재의 문화 탐방

미국에서의 프로젝트(project)는 특정 인종을 위한 주거지가 아닌데도 이곳 주민들은 대부분이 히스패닉(Hispanic : 중남미 계열의 민족)이나 흑인(African American)들이다. 고정 관념적인 얘기지만 대다수의 마약 장사꾼(drug dealers)과 상당수의 마약 중독자(drug addict)들이 이곳에서 살고 또 활동한다. 그래서 이 지역은 사건이나 사고가 많은 우범 지역이다. 미국이란 나라가 마약으로 중독되어 있고 대낮에도 총기 사건이 일어나는 아주 위험한 지역으로 알고 있지만, 영화에서 보는 일들은 실제로 이런 프로젝트 지역에서만 일어난다고 보면 된다. 그 외의 지역에 사는 미국인들은 우리와 마찬가지로 그런 일들을 다른 세상일처럼 여긴다.

40-2 Project

언제나 앞날을 생각해야죠

Mr. Smith is the projected winner.

스미스 씨가 당선 예상자지.

Project는 명사와 마찬가지로 동사에서도 가장 많이 쓰이는 뜻은 → 1) '기획하다'이다. 하지만 그 의미가 발전해 → 2) '예상하다' 라는 의미도 실생활에서 많이 사용된다.

A **Did you hear the news?**
소식 들었어?

B **What?**
뭐?

A **The projected restoration of the ancient temple will begin next month.**
오래된 사원에 대해 **기획된** 복원 공사가 다음달에 시작된다는데.

| 어휘 |
| 표현 |
| 설명 |

▶ 위 상황에서 project는 과거분사형으로 형용사 역할을 하는데 '기획된' 이란 뜻으로 사용되고 있다.

CONVERSATION 2

Ⓐ Who's going to win the election?
선거에서 누가 이길 것 같니?

Ⓑ Based on the returned ballots at the moment, Mr. Smith is the projected winner.
지금까지 개표된 결과로 판단해보면, 스미스씨가 **당선 예상자지**.

| 어휘 |
| 표현 |
| 설명 |

▶ 위 대화에서는 '(현재의 상황을 기본으로 앞으로의 일을) 예측하다' 라는 뜻이다. 바로 이것이 명사로 쓰일 때와의 가장 큰 차이다.

▶ **returned ballot**은 투표 용지를 나타내는 ballot을 다 서둬(returned)들어 개표해본 결과라는 의미에서 '개표된 결과' 로 해석하고 있다.

SENTENCE

Ⓐ Given the current economic conditions, it has been projected that the unemployment rate will increase next year.
현재의 경제적인 상황으로 판단해보면, 내년에는 실업률이 증가할 것이라는 **예상이다**.

◉ 위 대화에 쓰인 project의 의미는 대화 2에서의 뜻과 같이 '예상하다' 라는 뜻이다. 그만큼 동사형으로 쓰일 때는 '기획하다' 라는 뜻보다는 '예상하다' 로 실생활에서 더 많이 사용된다.

◉ **employment**는 '고용/직업' 이란 의미다. un-을 붙여서 unemployment가 되면 '실업' 이란 뜻이 된다. 동사형은 employ이며, 고용인은 employee, 고용주는 employer이다.

Ⓐ **How come you are taking down your new sign?**
새 간판을 왜 떼어내니?

Ⓑ **Well, the building inspector says the sign is projecting out over the street too much.**
글쎄, 빌딩 검사관이 간판이 보도 쪽으로 너무 많이 **튀어나와** 있다고 하는군요.

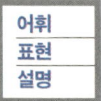

◉ **inspector**는 일상생활에서 '검사관/탐정' 이란 두 가지 의미로 사용된다. 당연히 위 대화에서는 building이란 단어가 앞에 있기 때문에 검사관으로 해석된다.

◉ 위 대화에서 project의 용법은 흔히 접하는 것이 아니기 때문에 아주 기초적인 단어 임에도 토플 같은 시험에 나오면 어휘 박사도 틀리는 경우가 많다. 다시 한 번 강조하지만, 단어를 너무 사전적인 의미에만 치우쳐 전체 내용을 해석해서는 안 된다. 위에서의 project는 '튀어나오다/삐져나오다' 라는 뜻인데, 같은 의미로 일상생활에서는 stick out이란 표현을 사용하기도 한다. 하지만 토플에서는 protrude(튀어나오다/삐져나오다)와 연결되어 독해 어휘 질문으로 자주 출제된다.

토플에 대한 한마디

필자가 〈중앙일보〉에 「Magic English」를 연재하면서 받은 e-mail을 보면 TOEFL과 관련된 문의가 많은데 이 지면을 통해 TOEFL과 관련된 것을 몇 가지 살펴보도록 한다. TOEFL 시험 형식이 2000년 10월부터 기존의 PBT(Paper Based Test)에서 CBT(Computer Based Test)로 바뀌었다는 것은 이미 알고 있을 것이다. 그래서 시험을 준비하고 계신 분들이 변화된 시스템에 대해 많은 우려를 한다. TOEFL 시험이 우리나라에 도입된 이래 여러 차례 변경되었는데, 가장 최근은 1995년이었다. 지금까지의 경우를 볼 때 이번이 가장 큰 변화다. 하지만 시험 형식이 바뀌었다고 기존 시험 관련 서적들이 무용지물이 되는 것은 아니다. 쉽게 말하면 기존 PBT에 있는 모든 내용들이 현 CBT 체제에 다 포함되어 있다. 단지 Writing Section이 새로 추가되고, Listening과 Reading Section에서 컴퓨터에 관련된 내용이 나온다는 것뿐이다.

또한 가장 중요한 것은 새로 소개된 문제 유형은 전체 실전 문제의 10퍼센트 미만이다. 하지만 새로 발되는 CBT 유형의 참고서를 보면 너무 새로운 유형에 중점을 두어 정작 중요한 유형 파악은 수험생들에게 소홀하게 유도하는 경향이 있어 우려되는 바다. 즉 새로운 CBT 유형을 공부하는 것도 중요하지만 기본적인 토플의 유형을 정확하게 파악하는 것이 고득점에 필요한 준비다.
준비를 충실히 하기 위해서는 기존의 PBT 유형으로 출제된 ETS(토플 문제 출제 기관)에서 발행한 기출 문제를 기본적으로 다 풀고 추가로 ETS에서 무료로 www.toefl.org에서 배포하는 CBT TOEFL Sampler를 보고 적응 연습을 해두면 된다. 또한 시험 보기 한 달 전에는 ETS가 위 사이트에서 판매하는 POWER PREP를 구입해 CBT 실전에 준비하는 것이 최상이다. 즉 토플은 ETS가 만들기 때문에 시장에 나와 있는 그 어느 CBT 유형 모의 시험 문제라 해도 과거 PBT 기출 문제보다는 못하다는 것이다.

우리나라 시험 준비생들이 가장 힘들어하는 Writing Section은 대부분 혼자 준비하기가 힘들기 때문에 학원에서 수강을 하지만, 사실 특별한 비법이 없다. 또한 시중에 나와 있는 writing 교재를 보면 샘플 essay들이 많이 실려 있는데 거기에 나오는 모의 essay를 다 외우는 기발한 (?) 방식을 택하는 사람들도 있다. 유학을 생각하는 사람이라면 영어 작문이 나중에 미국 대학/대학원에서 공부할 때 필수적으로 요구되므로 시간과 노력을 충분히 투자해야 한다. 열심히 하는 것에 비례해서 원하는 점수가 나올 수 있으므로 끊임없이 노력해 당장의 고득점뿐만 아니라 앞으로의 유학 생활에 귀중한 투자가 될 수 있기를 바란다.

41 - 1 Put

어디다 둘까요

I was, to put it mildly, nervous.

내가 너무 긴장했어.

Put은 →1) (~에 뭔가를) '위치시키다' 라는 개념에서 →2) '넣다' →3) '두다' → 4) '얹다' 라는 의미로 가장 흔하게 쓰인다. 실제생활에서는 이러한 의미가 다양하게 발전된다.

CONVERSATION 1

Ⓐ Honey, where is the remote control?
여보, 리모컨 어디 있어요?

Ⓑ I put it on the table.
테이블 위에 **두었는데요**.

| 어휘 |
| 표현 |
| 설명 |

▶ 한국에서 리모컨이라고 부르는 것은 원래 remote control(거리가 먼+조절)이 정

확한 표현이다. Remote란 단어는 '멀리 떨어진'의 뜻이다.

- 위 대화에서 나오는 put은 '두다'라는 뜻으로 실생활에서 가장 흔히 쓰이는 용법이다.

CONVERSATION 2

A I would like to make a reservation for two at 8 o'c lock Friday evening.
금요일 저녁 8시에 두 사람 자리 예약하고 싶은데요.

B O.K. sir, I'll put your name down on our list.
예. 리스트에 이름 **올려놓겠습니다**.

| 어휘 |
| 표현 |
| 설명 |

- 위의 예문에서는 이름을 리스트에 올려놓는 행위, 즉 '적어두다/기록하다'라는 뜻으로 사용되고 있다.

> **영재의 문화 탐방**
>
> 일반적으로 최고급 레스토랑에서나 예약이 필요하다고 생각하지만, 미국은 꼭 그렇지만은 않다. 고급은 아니지만 맛으로 이름난 식당일 때는 더더욱 예약이 필요하다. 이런 식당의 주인들은 상업적인 목적보다는 가족적인 아늑한 분위기의 식당을 유지하려고 하기 때문에 손님이 많다고 식당을 확장하지 않는다. 그래서 자기가 원하는 레스토랑에서 원하는 시간에 식사를 하려면 적어도 며칠 전에 예약을 해야 되며 예약 없이 가면 기다려야 하는데, 주로 대기실 옆의 바에서 맥주나 칵테일을 한잔 하면서 차례를 기다린다.
> 우리나라의 식당은 특별한 곳을 제외하고는 예약할 필요가 거의 없지만 미국은 조금이라도 이름난 곳이라면 예약 없이 갔다가는 30~40분은 예사로 기다려야 한다.

CONVERSATION 3

A Did you like the movie?
영화 좋았어?

B Well, **let me put it this way.** It really sucked.
글쎄, **나보고 말하라면** 아주 별로였다고 하겠어.

> **let me put it this way**는 '이렇게 말할게'라는 뜻인데 여기서 put은 '말하다' 라는 의미다.

> **suck**은 '흡수하다'는 뜻으로 가장 많이 알고 있지만 위와 같이 '아주 형편 없었어'라는 뜻의 slang으로 쓰인다.

CONVERSATION 4

A Why did you quit your job?
왜 직장을 그만 두었니?

B To put it simply, I just can't take it anymore.
간단하게 말해서, 참을 수가 없었어.

> 위에서는 put이 강조 용법으로 사용되고 있는데, "To put it simply (간단하게 말해서)"라는 표현은 실용적으로 사용되므로 외워두는 것이 좋다.

> **can't take it**은 can't stand it과 같이 '참을 수 없다'는 뜻으로 쓰이는 표현이다.

A **How was your date with Emily?**
에밀리와 데이트 한 것 어땠어?

B **I was, to put it mildly, nervous.**
내가 **너무** 긴장했었어.

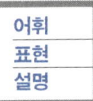

▶ **to put it mildly**는 직역하면 '부드럽게 말하자면' 이란 뜻이지만 실제로는 화자의 말을 강조하는 의미로, '그 정도는 약과야' 로 해석되어 '긴장했다' 는 것을 강조한 것이라고 보면 된다.

41 - 2 Put

어디다 둘까요

I always put away a few dollars for a rainy day.

만일의 경우에 대비해 항상 저축을 하고 있기 때문이야.

일상생활에서 Put과 관련된 숙어가 아주 많이 쓰이지만, 그 중에서도 하나의 숙어가 여러 가지로 해석되는 것 위주로 살펴보도록 한다.

*put away

직접적으로 해석하면 → 1) '멀리 두다' 라는 개념에서 물건을 멀리 두면 → 2) '치우다', 돈을 소비하는 것에서 멀리 두면 → 3) '저축하다', 사람을 사회생활에서 멀리 두면 → 4) '~를 (감옥/병원 등에) 집어넣다' 라는 뜻으로 쓰인다.

CONVERSATION 1

A Why don't you **put away** the vacuum!
청소기 좀 **치워라**!

B OK mom, I'll do it as soon as I'm done with my homework.
예, 엄마. 숙제 끝내는 대로 치울게요.

- 위에서는 put away가 '치우다'로 해석되고 있다.

- **Why don't you...!** 라는 질문 유형은 '~좀 해라', 즉 명령의 의미를 담고 있다. 만약 이 문장 끝에 물음표(?)가 붙어서 사용되면 다른 사람에게 권유하는 '~하자' 라는 뜻으로 쓰인다.

- **as soon as**는 '~하자마자' 라는 뜻인데 실생활에서 많이 사용되는 표현이다.

- **be done with**에서 do의 과거분사 done은 형용사로 finished와 같은 뜻이다. 그래서 전치사 with와 함께 쓰여 '끝냈다' 라는 뜻이다.

CONVERSATION 2

A You ne ver seem to be out of money.
너는 돈이 떨어지는 날이 절대로 없는 것 같아.

B That's because I always **put away** a few dollars from my paycheck for a rainy day.
만일의 경우에 대비해 항상 봉급에서 약간씩 떼어서 **저축을 하고 있기** 때문이야.

- 위에서는 '지축하다' 로 해석된다.

- **be out of**는 '~이 고갈되다/소모되다' 라는 뜻이다. be out of money 하면 '돈이 떨어지다' 라는 뜻이고, be out of gas는 '휘발유가 떨어지다' 라는 뜻이다. 같은 의미로 run out of란 표현도 있음을 기억하자.

- **a rainy day**는 글자 그대로 인생에서 비오는 궂은 날, 즉 '힘든 시기' 를 말한다.

A Convicted of murder, he was put away for life.
살해 혐의로 유죄 판결을 받은 그는 남은 일생동안 감옥에 **갇히게** 되었다.

- 여기서는 '(감옥에) 갇히다' 라는 뜻으로 쓰이고 있다.

- **convict**는 명사형으로 '죄수' 라는 뜻인데 앞에 'ex-' 가 붙어 ex-convict가 되면 '전과자' 라는 뜻이다. ex-는 '전-' 이란 의미로 ex-boyfriend(전 남자친구) 또는 ex-wife(전처) 등을 뜻한다. 동사형은 '유죄 판결을 받다' 라는 뜻인데, 과거분사형의 convicted of~는 '~에 유죄 판결을 받은' 의 뜻이다. 이 단어는 명사형과 동사형에 발음의 차이가 있다. 한글로 그 차이를 설명하기는 한계가 있지만 명사형을 발음할 때는 '칸빅', 동사형으로 발음할 때는 '콘빅' 이다.

*put back

put back은 → 1) (물건이나 상태를) 뒤로 돌아가서 두는 개념에서 '(물건 따위를) 되돌려놓다' → 2) '(상태가) 지연되다' 라는 뜻이다.

Ⓐ Could you put the book back in its rightful place?
책을 원래 있던 자리에 **되돌려놓으시겠어요**?

Ⓑ Okey-dokey.
알았어.

- 위 대화의 put back은 문자 그대로 '되돌려놓다' 라는 뜻이다.

- **rightful**은 right와 같은 뜻으로 '올바른'이다. 하지만 그 의미가 발전해 '정당한' 이란 뜻으로도 사용할 수 있다. "He is the rightful heir to the throne." (그는 정당한 왕위 후계자다)

- **Okey-dokey**은 '응', 즉 'O.K.' 라는 뜻이다. 이 표현은 대개 상대방의 요구사항을 흔쾌히 받아들일 때 사용한다.

CONVERSATION 4

Ⓐ Why aren't you in the meeting?
왜 회의에 참석하지 않아?

Ⓑ Oh, it has been put back till tomorrow.
응, 내일로 **연기되었어**.

- 위 대화의 put back은 '미루다' 라는 뜻으로 어떤 상황에서는 put off라는 숙어와 같은 뜻으로 사용할 수 있다.

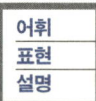
CONVERSATION 5

Ⓐ I have to pull an all-nighter for a history test.
역사 시험 때문에 밤샘해야 돼.

Ⓑ Why do you always put things off until the last minute?
너는 왜 항상 일을 마지막까지 **미루니**?

어휘
표현
설명

◉ **put off**는 학교에서 많이 배우는 숙어로 '미루다' 인데 postpone이란 단어로 고쳐 써도 된다.

◉ **pull an all-nighter**는 '(밤에 모든 전등을 켜놓고) 밤새워 일을 하다' 라는 뜻으로 쓰이는 숙어다. 절대적인 것은 아니지만 put back은 어쩔 수 없는 상황에서 미루는 경우, put off는 자의로 미루는 뉘앙스의 차이가 있다.

SENTENCE

Ⓑ It's chilly outside. You should put on something heavy.
바깥이 추워. 두꺼운 옷을 **입도록** 해.

◉ **put on**에서 우선 put off를 반대말로 생각하는 오류를 범하는 경우가 있다. '(옷, 모자, 안경 등을) 몸에 걸치다' 라는 뜻의 put on의 반대말은 take off를 사용하니 주의해야 한다.

◉ **heavy**라는 말은 '무거운' 이란 뜻도 있지만 위의 문장처럼 '옷이 두껍다' 라고 표현할 때도 쓰일 수 있다.

CONVERSATION 6

🅐 You look great!
좋아 보이는구나.

🅑 Come on! You're putting me on.
어이, 너 지금 나 **놀리는** 거지.

| 어휘 |
| 표현 |
| 설명 |

▶ **put someone on**이란 숙어는 '누구에게 장난치다/놀리다'라는 뜻으로, 장난기가 많은 미국인들이 상대가 자기를 놀리는 것 같으면 "You're putting me on."이라고 말한다. 실생활에서는 위 대화처럼 putting, 즉 '-ing' 형으로 많이 사용한다.

42 Rent - Lease
빌리면 돈 들어요

Did you renew your lease for the apartment?

아파트 계약서 새로 작성했니?

미국에서 생활하면서 필수적으로 알아야 할 단어로 'rent/lease(빌리다)'를 꼽을 수 있다. 살면서 그 만큼 많이 듣고, 사용하는 단어는 아마 없을 것이다. 또한 이 단어들이 명사형으로 사용되면 독특한 의미로 해석된다.

CONVERSATION 1

Ⓐ Did you renew your lease for the apartment?
아파트 **계약서** 새로 작성했니?

Ⓑ Yeah, but the landlord increased the rent.
응, 그런데 주인이 **임대료**를 인상했어.

> 어휘
> 표현
> 설명

▶ 위의 문장에서 lease는 '계약서'로, rent는 '임대료'란 뜻으로 쓰이고 있다.

▶ **landlord**는 임대해주는 건물을 소유하고 있는 '주인'이란 뜻이지만 우리가 아는 '주인'을 뜻하는 owner는 자기 집을 소유하고 있는 '집주인'을 의미한다.

영재의 문화 탐방

집을 임대하는 것과 관련해 rent에는 두 가지 의미가 있는데, 명사로는 '임대료', 동사로는 '임대하다'이다. 미국에서도 우리나라와 마찬가지로 부동산 중개업소(realty)를 통해 아파트를 구하기도 하는데 이에 따른 소개비가 지역마다 차이가 있지만 우리나라보다는 훨씬 비싼 편이다. 미국에서는 일반적으로 소개비로 임대한 아파트 한 달치 월세를 받는데, 어떤 곳은 석 달치에 해당하는 금액을 받기도 한다.

뉴욕의 방 두 개짜리 아파트는 보통 한 달 임대료가 1천 달러 가량 하는데, 만약 그런 아파트를 부동산을 통해서 얻는다면 소개비로 1천 달러에서 많게는 3천 달러까지 내야 한다. 물론 월세가 비싸면 소개비도 그만큼 더 비싸다. 시간에 쫓기는 전문 직업인이나 현지 상황을 잘 모르는 타지방 출신은 어쩔 수 없이 비싼 돈을 내고 아파트를 구하지만, 좀 부지런한 사람이나 그 지역을 잘 아는 사람들은 대부분 지역 신문의 줄 광고(classified ad)를 이용하거나 자신이 살고 싶은 거리를 살펴보면서 집을 구한다. 거리를 지나가다가 아파트나 주택 앞에 'For Rent'란 표지판(sign)이 있으면 임대할 아파트나 주택이 있다는 뜻이므로 아파트의 경우 관리인을 찾아서 자세한 내용을 알아보면 된다.

그렇게 해서 살집을 정하게 되면 lease(계약서)를 작성하게 된다. 흔히 일반적인 상황에서 계약서는 'contract'를 쓰지만, 주거용이나 상업용 부동산 임대 계약서는 이처럼 'lease'를 사용한다. 그래서 건물 밖에 'For Lease'라는 표지판이 걸려 있으면 점포나 사무실을 임대하는 경우다. 그런데 얼마 전 필자가 캘리포니아 출신 친구와 대화하면서 알게 되었는데, 서부에서는 동부와는 다르게 'lease'가 아파트 임대에도 쓰인다고 들었다. 워낙 넓은 땅덩어리이다 보니 같은 단어가 여러 의미로 전용되어 쓰이는 것을 알 수 있다.

 **CONVERSATION 2**

Ⓐ I want to rent a car for the weekend.
주말에 차를 **빌리고** 싶은데요.

Ⓑ O.K. I need to see your driver's license and credit card.
예, 운전 면허증과 신용 카드 좀 주시겠습니까?

| 어휘 |
| 표현 |
| 설명 |

- **rent**는 '빌리다' 는 뜻이기는 하지만 상대적으로 짧은 기간 동안에 차를 빌릴 때도 사용한다. 차를 빌릴 때는 각 주마다 규정이 다르기는 하지만, 일반적으로 만 21세 이상이어야 한다. 뉴욕 시같이 보험료가 비싼 주는 만 25세 이상으로 규정된 곳도 있다. 또한 차를 빌릴 때는 수백 달러의 보증금(deposit)을 걸어야 하기 때문에 현금을 잘 지니고 다니지 않는 미국인은 습성상 신용카드로 편리하게 사용한다.

CONVERSATION 3

Ⓐ Wow, I like your new car. It must have cost a fortune!
야, 새차 좋은데, 꽤 비싸게 주고 샀겠는데.

Ⓑ Not at all! I leased it.
아니, **장기 임대한** 거야.

어휘
표현
설명

▶ 똑같이 '빌리다'라는 의미지만 대화 2에 사용된 rent와 비교하면 lease는 정확하게 몇 년이라고 규정할 수는 없지만 '장기 임대한다'는 뜻이다. 이 개념을 자세히 설명하자면 10여 년 전부터 미국에서는 차값이 인상되어 중산층에서조차 새차를 구입하는 것에 부담을 느끼게 되었다. 그래서 2~4년 동안 장기 임대하면 매월 납부하는 할부금이 차라리 새차를 구입하는 것보다 약 30~40퍼센트 가량 싸기 때문에 이러한 제도를 이용하는 사람들이 갈수록 늘고 있는 추세다. 그리고 계약 기간이 끝나면 반환하면 된다.

43 - 1 Run

날마다 뛰는 줄만 알았죠?

How often do the buses run?

버스 운행 간격이 어떻게 되죠?

Run은 학교 다닐 때부터 배운 단어로 →1) '달리다' 라는 뜻으로 쓰이는 것은 누구든지 알고 있다. 그 외에 일상생활에서 자주 쓰이는 의미로 일 보느라고 달려야 될 정도면 →2) '~하느라고 바쁘다', 회사나 가게를 잘 달릴 수 있도록 하면 →3) '운영하다', 버스 따위가 달리면→4) '운행하다', 그리고 신문 따위에 글이 실리게 되는 →5) '기사화하다' 등 의미가 다양하다.

 **CONVERSATION 1**

Ⓐ Where have you been all day?
하루 종일 어디 있었니?

Ⓑ I've spent the whole day running errands.
집안일 하느라고 온종일 **바빴어**.

> 어휘
> 표현
> 설명

- 위 대화의 run은 원래의 '뛰어다니다'라는 개념에서 '~하느라고 바쁘다'라는 뜻으로 사용되고 있다.

- **errand**는 '심부름'이란 의미로만 알고 있지만, 좀더 구체적으로 말하면 집과 관련해서 발생하는 일을 말한다. 그래서 세탁소에 옷을 맡기고 찾아오는 일이나 비디오 테이프를 반환하는 것 등등의 일을 가리킨다.

CONVERSATION 2

Ⓐ I thought this company was privately owned.
이 회사는 사기업인 줄 알았는데.

Ⓐ No, not at all. It's a state-run company.
아냐. 정부에서 **운영하는** 회사야.

> 어휘
> 표현
> 설명

- 문장이 I thought…식으로 시작되면 말하는 사람이 전에는 이런 식으로 생각했는데 지금은 더 이상 그렇게 생각하지 않는다는 뉘앙스를 풍긴다.

- **privately owned**란 상황상 '개인 소유'라는 의미도 될 수 있고 위 대화에서처럼 공기업과 비교해 '사기업'이란 뜻으로도 해석될 수 있다.

- 위 예문에서 사용되는 run의 용법은 토플이나 토익에서 자주 나오는 것으로 '운영하다/경영하다'라는 뜻이다.

- **state**는 미국 주를 뜻하기도 하지만, 위에서는 '정부'란 의미로 쓰이고 있다.

CONVERSATION 3

Ⓐ How often do the buses run?
버스 **운행** 간격이 어떻게 되죠?

Ⓑ They come every half an hour, but during rush hour they come every fifteen minutes.
30분 간격인데요, 출퇴근 시간에는 15분 간격으로 운행됩니다.

| 어휘 |
| 표현 |
| 설명 |

- 위 대화에서의 run은 '운행하다'는 의미다.

- **rush hour**의 rush는 '몰리다'라는 뜻인데 직접적으로 해석하면 (사람들이) 몰리는 시간, 즉 '출퇴근 시간'을 의미한다.

영재의 문화 탐방

대부분의 미국 가정에서는 교통 수단으로 자가용을 사용하지만, 중·고등학생들이나 노인들은 주로 버스를 이용한다. 미국의 버스는 노인 승객의 편의를 위해 승차하는 앞문 쪽의 보도에 닿을 만큼 낮출 수 있게 되어 있으며, 장애자들이 버스를 이용할 경우에는 버스 기사가 직접 버스에 태워주고 내려주는데, 그 동안에 지체하는 시간에 대해서는 어느 승객도 불평하지 않는다.

그리고 우리나라 버스 기사님들은 거의 카레이서(?)급으로 운전하지만 미국 운전기사들은 대부분 노약자들이 버스를 이용한다는 것을 고려해 아주 안전하게 운전한다. 또한 난폭 운전을 시정부가 정책상 금하는 이유 중의 하나는 만약 난폭하게 운전하는 버스로 인해 승객이 다치게 되면 소송에 걸릴 수 있기 때문이며, 일단 소송에 걸리게 되면 막대한 소송비와 보상금을 물어야 한다.

우리나라 버스는 사기업들이 운영하고 있지만 미국에서는 버스 운행은 각 시정부에서 직접 운영한다. 서울처럼 인구가 밀집한 뉴욕 시의 경우는 버스 운행 간격 시간이 짧을 뿐 아니라 노선도 다양하다. 그러나 그 외의 지역에서는 노선도 적고 운행 시간 간격도 길지만, 각 버스 정류장에는 운행되는 버스 노선 지도와 도착 예정 시간표가 쓰여 있어(5분 정도의 차이가 있긴 하지만) 비교적 잘 지켜지고 있어 무작정 기다리는 불편은 거의 없다.

 **SENTENCE**

Ⓐ The congressman tried desperately to prevent the Daily News from running the story on his scandal.
그 의원은 일간지에 자신의 스캔들이 **기사화되는** 것을 막기 위해 필사적으로 애썼다.

- **desperately**는 '절실하게/필사적으로' 라는 뜻이며 desperate란 형용사형도 실생활에서 '긴박한/절실한' 의 의미로 사용된다.

- 위 예문은 한국 사람에게는 다소 생소한 용법일 것이다. 여기서 run은 '기사화하다' 의 뜻으로 사용되고 있다.

- 일간지에 'Daily News' 라는 이름이 많은데, ⟨*New York Daily News*⟩처럼 앞에 지역명을 붙인다. 그래서 특정 지역에서 만약 Daily라고 하면 그 지역 일간지를 말한다. 참고로 주간지는 weekly, 월간지는 monthly, 계간지는 quarterly라고 한다.

43 - 2　Run

날마다 뛰는 줄만 알았죠?

I could give you a short rundown on the results.

그 결과에 대해서 짧게 요약해줄게.

Run은 단어 자체의 용법도 많지만 관련된 숙어 또한 다양하다.

＊on the run [도주하다]

이 숙어는 달리는 행위가 계속되고 있다는 뜻이므로 '도주하다' 라고 해석된다.

A He gave himself up to the police after being **on the run** for five years.

5년 동안의 **도주** 끝에 그는 경찰에 자수했다.

- **give oneself up**은 give up(포기하다)이라는 숙어를 알고 있으면 '자기 자신을 포기하다', 즉 '자수하다'는 뜻으로 자연스럽게 해석될 수 있을 것이다.

★ up and running [잘되는]

이 숙어는 '기계 따위가 잘 가동되다' 라는 뜻이다.

A Did you fix the copy machine?

복사기 고쳤어?

B Yes, I did it yesterday. It's **up and running** without a glitch.

응. 어제 고쳤어. 이제 별탈 없이 **잘되고 있어**.

- **copy machine**은 '복사기' 란 뜻임을 쉽게 알 수 있을 것이다. 하지만 실생활에서는 위 표현뿐만 아니라 copier 또는 복사기를 최초로 상업화시킨 Xerox(제록스)라는 회사 이름을 이용해서 Xerox machine이라고도 한다. 또 '복사하다' 는 copy뿐만 아니라 Xerox라고 표현할 수도 있다.

- **glitch**는 '순간적으로 생기는 잔 고장' 을 뜻한다.

✱run out [소모되다]

 **CONVERSATION 2**

Ⓐ What's wrong with the radio?
라디오가 왜 그래?

Ⓑ I guess it ran out of batteries.
건전지가 다 **닳은** 것 같아.

✱run-down [쇠퇴하는]

이 숙어는 '쇠퇴하다' 라는 뜻인데, 특히 건물이나 동네가 오랜 시간 동안 아무런 보수공사가 없이 버려져 빈민촌이 연상되는 상황이다.

 **CONVERSATION 3**

Ⓐ Wow! The neighborhood sure has changed for the worse.
와, 동네가 완전히 엉망이 되었어.

Ⓑ Yeah, I can't believe how run-down it has become.
응, 그 동네가 그렇게까지 **쇠퇴하게** 될 줄 몰랐는데.

> **change for the worse**란 '더 나쁘게 변하다' 라는 뜻이며, 'change for the better'는 그 반대의 의미로 '더 나아지다' 이다.

*rundown [요약]

run-down에서 하이픈을 없앤 'rundown'은 명사로 '요약'이란 뜻이 된다. 같은 상황에서 요약이란 의미로 많은 사람들이 알고 있는 'summary'를 사용해도 된다.

Ⓑ I could give you a short rundown on the results of the election.

선거 결과에 대해서 짧게 **요약**해줄게.

*runner-up

이 숙어는 '시합이나 선거 등에서 2위를 차지한 사람이나 대상'을 의미한다.

Ⓐ Did they finally decide on who will be the next president?

차기 대통령으로 누가 될지 결정되었어?

Ⓑ Not yet, but whoever becomes a runner-up in the election will have a bitter taste in his mouth.

아직까지 안 되었는데, 선거전에서 **2등한 사람**은 누구라도 씁쓸할 거야.

| 어휘 |
| 표현 |
| 설명 |

- **bitter**는 '씁쓸한' 그리고 taste는 '맛'이란 뜻을 가지고 있는데 have a bitter taste in one's mouth는 글자 그대로 입 안에 쓴맛을 가지고 있는 상황, '아주 억울한/원통한/씁쓸한'이라는 뜻이다.

> **영재의 문화 탐방**

지난 2000년, 미국 대통령 선거는 단순히 직선제라고만 생각했던 우리나라 사람들에게 국민들의 투표로만 끝나는 것이 아니라 의외로 복잡한 절차를 거쳐야 된다는 것을 보여주었다. 미국 대선의 특이한 점은 국민이 직접 대통령을 뽑는 것이 아니라 대통령을 선출할 선거인단(electoral college)을 뽑아 그 선거인단이 대통령을 선출하게 된다.

부시 – 고어 선거전에서도 나타난 바와 같이 민주주의 국가로 알려진 미국에서 대통령 선거에 아직도 다소 불합리해 보이는 간접선거를 고수하고 있다는 것에서 미국에 대해 두 가지 측면을 알 수가 있다. 첫째, 미국인들은 짧은 역사에도 불구하고 미국 초기부터 내려오는 전통을 유지하는 데 아주 많은 자부심과 인내를 보여준다. 즉 기존에 있는 무언가가 마음에 들지 않는다고 해서 그 즉시 완전히 바꾸려고 하지 않고 조금은 불편하지만 건국의 기본적인 사상과 의도를 유지하기 위해 노력한다. 둘째, 미국인들은 다른 나라 사람들보다 실질적인 것을 중시하기 때문에 시대에 뒤처진 체제에서도 나름대로의 장점을 보기도 한다. 그 예로, 만약 직접선거를 실시하게 되면 상대적으로 인구 밀도가 낮은 지역은 대통령 후보들의 선거 운동에서 외면당할 수 있고 그로 인해 국민들의 정치에 대한 무관심을 초래할 수 있기 때문에 현재의 간접선거제가 더 효율적이라는 것이다.

아무튼 지난 선거 이후로 선거법에 관한 변화를 요구하는 의견이 무수히 많이 나왔지만 의외로 전통을 매우 중시하는, 특히 헌법과 관련해서 유달리 자부심이 강한 미국인들의 생각 때문에 현 선거법이 쉽게 바뀔 것 같지는 않다.

Save 44-1

뭔가 남아야죠

The good guys always save the day.

착한 사람들이 항상 세상을 구제한다는 거지.

Save는 → 1) '~을 구하다/구조하다' 가 가장 기본적인 의미인데 생활영어에서도 이 의미로 가장 많이 사용된다. 그리고 다른 단어와 함께 숙어로 쓰이기도 하는데 직역을 해보면 '~을 구하다' 라는 의미로 해석된다.

SENTENCE

A It was too late for doctors to save his life.
의사들이 그의 목숨을 **구하기에는** 너무 늦었다.

어휘	
표현	
설명	

 위의 예문에서는 save의 기본적인 의미인 '구하다' 로 사용되고 있다.

CONVERSATION 1

Ⓐ Did you like the movie?
그 영화 좋았어?

Ⓑ No. It's all too Hollywood. The good guys always save the day.
아니. 너무 할리우드적이었어. 착한 사람들이 항상 **세상을 구제한다는** 거지.

| 어휘 |
| 표현 |
| 설명 |

◉ **too**는 '너무하다' 라는 뜻으로 뒤에 이어지는 단어에 따라 '너무 과다하게 ~하다' 라는 의미로 실생활에서 종종 볼 수 있는 용법이다.

◉ **save the day**는 글자 그대로 '날을 구하다' 라는 개념에서 응용되어 '시국을 수습하다/세상을 구제하다' 라는 뜻이 된다.

> **영재의 문화 탐방**
>
> 우리가 미국 할리우드 영화를 볼 때면 거의 대부분 위대한 영웅이 불굴의 투지로 인류와 지구를 구한다는 주제다. 이러한 영웅 의식에 가득 찬 영화는 미국인들이 기본적인 정신, 즉 개척 정신(frontier spirit)에서부터 시작되었다고 보면 될 것 같다. 지금은 너무나 당연하게 미국을 선진국이라고 생각하지만 불과 300년 전만 해도 미국이란 나라는 그 전체가 태고의 자연 그 자체였다고 해도 과언이 아니다.
>
> 한 예로 동부에서 서부로 가는데 비행기로 5~6시간밖에 걸리지 않지만, 개척시대 대륙 횡단 열차(transcontinental train)마저 없을 때는 꼬박 8개월 이상이 걸렸다고 한다. 이때 이들에게 필요한 것은 인간의 한계 상황을 이겨내는 강인한 정신과 어떠한 상황에서도 결코 좌절하지 않는 불굴의 정신(sense of invincibility)이었을 것이다. 거기에다 미국의 초기 정착시대부터 지녀온 기독교의 구원(salvation) 사상이 합쳐져 자연스럽게 영웅 의식이 대중 문화에 짙게 깔려 있는 것 같다.

CONVERSATION 2

Ⓐ I told the boss you were on the phone while you were out.
자네가 외출했을 때 사장님께는 통화 중이라고 했어.

B Thanks a million. You **saved my neck**.
아주 고마워. **위기를 모면하도록 도와주었군.**

어휘
표현
설명

- 아주 쉬운 표현이지만 '~가 통화 중이다' 라는 표현은 '~on the phone' 이라는 것을 기억해두자.

- **save someone's neck**라고 하면 '~의 목을 구해주는' 개념이므로 '~을 어려운 상황에서 구하다' 라는 뜻이 된다.

A I think she lied about her previous job just **to save face**.
그녀는 자신의 **체면을 세우기 위해** 전직에 대해 거짓말을 했다고 생각해.

B Oh, really! I thought she had a **thick skin**.
그래? 그 여자가 얼굴이 너무 두꺼운 것 같아.

어휘
표현
설명

- **to save face**는 '얼굴을 구하다' 라는 개념에서 '체면을 세우다' 라고 의역하면 된다.

- 우리말에서도 뻔뻔스러운 행동을 하는 사람을 가리킬 때 '얼굴이 두껍다' 는 표현을 쓰는데, 영어도 같은 의미로 have a thick skin이란 표현이 있다.

44-2 Save 뭔가 남아야죠

Save your breath.

말할 필요도 없지.

Save가 '구하다'라는 의미 다음으로 많이 사용되는 의미는 (소비로부터 돈/물건 따위를) 구하는 개념, 즉 '저축하다/아껴두다'라는 뜻으로 많이 쓰인다.

Ⓐ **So, did you save enough to buy a new computer?**
그래, 컴퓨터를 새로 살 정도로 **저축했어**?

Ⓑ **A new computer! I hardly have enough money to buy a typewriter.**
새 컴퓨터는 고사하고, 타자기 살 돈도 없어.

| 어휘 |
| 표현 |
| 설명 |

◐ 위의 B 대화에서는 저축을 많이 못했다는 것을 과장되게 표현하고 있다.
영어식 표현법 중에는 이렇듯 과장된 표현법에서 재미있는 것이 많은데 앞에 나왔던 "Thanks a million."도 그 중의 하나다. 직역하면 '백만 번이나 고맙다'라는 개념이니 '얼마나 고마운지 저절로 고개가 끄덕여진다'라는 표현법이다.

CONVERSATION 2

A I'm going to try to convince Janet not to go abroad for next semester.
다음 학기에 자넷이 교환 학생으로 가지 않도록 설득할 거야.

B Save your breath. She won't change her mind.
말할 필요도 없지. 아마 결심을 바꾸지 않을 거야.

| 어휘 |
| 표현 |
| 설명 |

◐ **convince**는 '설득하다'라는 뜻이다. 실생활에서 유사어인 persuade도 많이 사용한다는 것을 기억하사.

◐ **save someone's breath**는 직접적으로 해석하면 '숨쉬는 것을 절약해'라는 뜻이지만 숙어적인 의미는 '~은 말할 필요도 없다', 즉 '당연한 일에 애쓰지 말라'는 개념으로 생각하면 된다.

> **영재의 문화 탐방**
>
> 우리나라 학생들이 어학 연수나 여행을 목적으로 미국이나 유럽 혹은 호주로 가는 경우가 많은데, 미국 대학생들도 전부는 아니라 할지라도 상당수의 학생들이 여름방학이나 아예 1년 정도 외국에 교환 학생(exchange student)으로 가는 경우가 많다. 미국 학생들은 대부분 유럽으로 가는데, 주로 프랑스어나 독일어와 같은 언어 전공 학생들과 유럽 문학 또는 역사를 전공하는 인문 계열의 학생들이 많다.
> 교환 학생 프로그램(exchange program)으로 타 대학에서 수업을 받는다 하더라도 학점이 인정이 되고 또한 젊은 시절 다양한 경험과 여행으로 견문을 넓히려는 학생들에게 좋은 기회가 되기 때문에 대학교를 선택할 때 교환 프로그램이 학교 선택의 기준이 되기도 한다.

CONVERSATION 3

Ⓐ Where is the red wine? I was saving it for a candle light dinner with Victoria.
붉은포도주 어디 있지? 빅토리아와 분위기 있는 저녁식사를 **위해서 아껴두었는데**.

Ⓑ Oh, oh! I had it with Emily over dinner last night
이를 어쩌지. 어제 저녁식사 때 에밀리와 마셨는데.

어휘
표현
설명

▶ 위의 상황에서 saving it for는 '~위해서 아껴두다' 라는 뜻으로 쓰이고 있다.

▶ 미국의 20대 남자들이 여자친구를 사귀기 시작할 무렵 촛불이 켜진 식탁, 포도주, 12송이 장미(a dozen roses), 음악 이 네 가지를 갖춘 저녁식사를 한다. 이와 같은 완벽한 저녁식사 후에는 아무리 서먹서먹한 사이라도 그 다음날에는 다정한 연인이 된다.
그리고 오래된 연인들이라도 새로운 분위기를 갖고 싶거나 기념일(anniversary)에 이러한 저녁식사를 즐긴다.

휴식 코너 6

언어 실력이란 개인의 필요성과 기본적으로 가지고 있는 수준에 따라 좌우된다. 한국에는 유달리 많은 사람들이 영어에 대해 불필요한 스트레스를 받고 있는데, 이는 영어에 대한 욕심이 많기 때문이다. 모든 사람들이 영어를 미국인과 똑같이 하고 싶은 마음은 이해하지만 그렇다고 누구나 다 그렇게 할 필요는 없으며, 또 그게 모두 가능한 것도 아니다. 이러한 현실을 직시하고 자신이 필요한 만큼만 공부하고 목표를 거기에 맞추면 영어가 그렇게까지 부담스럽지는 않을 것이다.

그렇다고 저절로 영어 실력이 향상되는 것은 아니다. 필자가 그나마 영어를 조금 잘한다고 자부할 수 있는 것은 작문 실력과 깊이 있는 어휘력 덕택이다. 이러한 영어 실력을 갖출 수 있었던 것은 대학교 때 세들어 살던 곳의 Mr. Oneil이란 집주인 덕분이다. 그분은 정년 퇴직한 뉴욕 주립대학 교수였다.

영어 작문을 할 때 사소한 실수가 많이 일어나기 때문에 미국 학생들도 리포트(paper)를 작성하면 으레 친구나 아는 이에게 교정을 부탁한다. 나 또한 리포트를 쓰면 Mr. Oneil에게 교정을 부탁하곤 했다. 대부분 이런 부탁을 받으면 틀린 부분만 고쳐주고 돌려주는데 Mr. Oneil은 옆에 앉혀놓고 리포트를 한 줄 한 줄 읽으며 단어 하나하나마다 필자의 의도를 물어보면서 잘못된 단어 선택에 대해 일일이 설명해주며 교정을 해주었다. 처음에는 그냥 적당히 해주면 될 걸 왜 이렇게 까다롭게 하나, 이 단어나 저 단어나 뜻만 통하면 되지 아주 귀찮게 하는구나 하고 생각했다.

하지만 항상 교정이 완벽했기 때문에 참을 수밖에 없었다. 이렇게 졸업 때까지 2년 반 동안 매번 리포트를 작성하면 그분과 함께 지루한(?) 교정 작업을 했다. 그 당시로서는 한가한 노교수의 지나친 친절이라 귀찮다고 생각했지만, 지금 생각해보면 그분의 그런 수고가 없었다면 나는 지금 적당한(?) 수준의 영어 실력에 머물렀을지도 모른다. 또한 그때의 경험으로 자신이 원하는 뜻을 가장 효율적으로 표현하기 위해서는 단어의 깊은 뉘앙스를 파악해야 한다는 것도 배웠다.

45 Spot

바로 거기야, 거기!

It was very easy to spot him.

그를 찾아내는 것은 아주 쉬웠어.

Spot은 명사로 흔히 → 1) '얼룩' → 2) '점' → 3) '장소'의 뜻으로 많이 쓰인다. 동사로 사용할 때도 이런 의미를 응용해 어떤 장소에서 일어난 사건/사람을 점 찍어두면 → 4) '발견하다/찾아내다' → 5) (한 점, 두 점) '점수를 주다'라는 의미로 사용된다. 먼저 명사로 사용되는 경우를 보자.

CONVERSATION 1

Ⓐ **What's that spot on your shirt?**
셔츠에 **얼룩**이 묻은 것 같은 데 뭐야?

Ⓑ **Oh, it's a coffee stain.**
응, 커피 자국이야.

CONVERSATION 2

Ⓐ Wow, your bathroom looks spotless!
와아, 화장실에 **얼룩하나 없군**!

Ⓑ Yeah, I try to keep the apartment as clean as possible.
응, 아파트를 가능한 깨끗하게 하려고 노력하고 있어.

```
어휘
표현
설명
```

- 위 대화의 spot은 '얼룩'이란 뜻이다.

- **spot**(얼룩)+less(~이 없는)는 '얼룩 한 점 없는'이란 형용사가 된다.

영재의 문화 탐방

미국과 우리나라의 집 구조를 살펴보면 전통 가옥의 경우는 물론 큰 차이가 있지만, 아파트는 특별한 차이가 없다. 다만 몇 가지 다른 점은 첫째, 미국에는 장롱이 없다. 대부분 붙박이장(closet)이 설치되어 있기 때문이다. 두 번째로는 미국 아파트에는 베란다(veranda)가 없는 것이 대부분이다. 우리나라에서는 화분이나 장독을 두기도 하지만, 그보다는 빨래를 말리기 위해 꼭 필요한 장소다. 미국에서는 옷을 건조시킬 때 드라이기(dryer)를 이용한다. 세 번째로, 미국 화장실 바닥에는 물이 빠지는 배수 시설이 없다는 것이다. 우리나라에서는 세탁을 하기 위해서라도 물 빠지는 곳이 필요하지만, 미국은 우리나라처럼 손빨래를 하는 경우가 거의 없고 대부분 세탁기를 이용하는데, 세탁기가 주로 부엌에 설치되어 있다. 세탁기가 없는 가정에서는 빨래방(laundromat)에 가서 세탁을 한다.
이런 차이를 인식하지 못해 초기에 한국에서 온 관광객들, 특히 나이가 많은 분들이 비싼 서양 호텔에 설치된 시설 좋은 화장실에서 기분 좋게 목욕을 하다가 온 화장실을 물바다로 만드는 사건(?)을 종종 연출하곤 한다.

CONVERSATION 3

Ⓐ How do you like this lot?
여기 빈터 어때요?

Ⓑ Well, this is the perfect spot to build the house.
응, 집을 짓기에는 더할 나위 없이 좋은 **장소** 같은데.

CONVERSATION 4

Ⓐ Did you have a hard time finding John at the airport?
공항에서 존을 찾는데 힘들었어?

Ⓑ Not at all! It was very easy to spot him with his shaved head.
아니. 삭발한 머리만 **찾으면** 되었기 때문에 아주 쉬웠어.

어휘
표현
설명

- **spot**이 대화 3에서 '장소' 라는 뜻으로, 대화 4에서는 동사로 '발견하다/찾아내다' 라는 의미다.

- 우리나라에서는 머리 스타일을 바꾸면 심경에 큰 변화가 있다고 생각하는데, 특히 삭발은 그 극에 달하는 경우라고 여기는 것 같다. 미국인의 경우, 삭발도 헤어 스타일의 한 종류로 여기는데, 특히 탈모증이 있는 사람들은 이런 스타일을 즐겨 한다.

- **have a hard time -ing**는 '~하는데 어려움을 겪다' 라는 숙어다.

- 삭발한 머리 스타일은 'shaved head' 라고 한다.

CONVERSATION 5

Ⓐ How was the game with Tom?
톰과 한 게임 어떻게 되었어?

Ⓑ Well, he spotted me 10 points, but he won the game anyway.
응, 나에게 10**점을 주었지만** 톰이 이겼어.

- 위의 spot은 '점수를 주다' 라는 뜻이다.

- **point**는 '가리키다' 라는 동사로 쓰일 수도 있지만, '점수' 또는 '점' 이라는 명사로 쓰일 수도 있다.

46 Struggle   난 투사야!

Martin Luther Jr. struggled against racial discrimination.

마틴 루터 2세는 인종 차별에 대항하여 투쟁했다.

　　Struggle은 그 의미가 다양하고 또한 상반되는 의미를 동시에 내포한다. 실생활에서도 많이 사용되지만 토플 시험에서 청취나 독해에서도 많이 쓰이는 단어다. 여기서는 대표적인 의미만 살펴보겠지만, 사전적 의미보다는 문장에서 단어의 의미를 유추해내는 것이 더 중요하다. 우선 가장 흔한 의미로 → 1) '힘겨워하다/버둥거리다', 힘겨워하거나 버둥거리는 것은 뭔가를 이루기 위한 노력을 나타내므로 → 2) '노력하다', 전치사 for와 함께 쓰이면 → 3) '~을 위해서 투쟁하다', 전치사 against를 쓰면 → 4) '~에 대항해 투쟁하다'의 뜻으로 해석되며, struggle이 명사형으로 쓰일 경우는 → 5) '싸움/투쟁'이라는 의미다. 그리고 struggling이라는 형용사가 되면 → 6) '이름이 알려지지 않은 무명의'라는 뜻이 된다.

CONVERSATION 1

A **Are the Knicks playing well this year?**
닉스 팀은 올해 경기를 잘 하고 있니?

B **Unfortunately not. The entire team is really struggling this year.**
불행하게도 아니야. 올해는 팀이 전체적으로 **고전하고** 있어.

> 어휘
> 표현
> 설명

◉ 우선, 위 대화에서처럼 struggle은 일반적으로 가장 많이 쓰이는 '힘겨워하다/버둥거리다'라는 뜻이 있다.

◉ 위의 the Knicks(닉스 : 농구팀 이름)처럼 팀의 이름을 말할 때는 항상 정관사 the와 함께 복수형으로 쓴다.

> **영재의 문화 탐방**
>
> TV에서 보듯이 대다수의 NBA(National Basketball Association) 선수들은 흑인이다. 흑인이 선천적으로 농구를 잘하는 유리한 점도 있지만, 사회적인 환경 또한 그 영향이 크다. 즉 그들이 아무런 노력 없이 타고난 신체적 조건 때문에 NBA 스타가 되는 것은 아니다. 그들은 NBA 스타가 되든 무명으로 선수 생활을 마치든 수많은 시간을 농구 코트에서 보낸다. 한마디로 우리나라에서 명문대를 가기 위해서 수많은 시간을 책과 씨름하면서 고군분투하는 것과 같다. 노력 없이는 성공도 없다.
> 또한 흑인 어린이의 경우 이상형으로(role model) 운동선수를 꼽는 경향이 크다. 공부를 잘해서 어느 분야의 전문인이 되기보다는 운동을 잘해서 백만장자가 되고 싶어하는 것이다. 그래서 조금이라도 운동에 소질(talent)이 있으면 밤낮을 가리지 않고 오직 농구에 매달린다.

 **SENTENCE**

Ⓐ Throughout his life, Martin Luther King Jr. struggled for civil rights.

그의 생애를 통하여, 마틴 루터 킹 2세는 시민들의 권리를 **위해 투쟁했다**.

⑩ 위에서는 struggle이 '싸움하다/투쟁하다' 의 뜻이다. Struggle이 for와 함께 쓰이면 '~을 위해서 투쟁하다' 라는 뜻이 된다.

Ⓑ Martin Luther King Jr. struggled against racial discrimination.

마틴 루터 킹 2세는 인종 차별에 **대항해 투쟁했다**.

⑩ 위 예문처럼 struggle에 against를 쓰면 '~에 대항해 투쟁하다' 라는 의미다.

CONVERSATION 2

A Why did Mr. Johnson resign as CEO of the company?
존슨 씨는 왜 그 회사의 CEO 자리에서 물러났니?

B He lost in the power **struggle** against the board of directors.
이사단과의 파워 **싸움**에서 졌거든.

> 어휘
> 표현
> 설명

- '퇴임하다' 라는 의미로 resign을 사용한다.

- **struggle**이 명사형으로 쓰일 경우 '싸움/투쟁' 이란 뜻이다.

- **board of directors**는 '주식회사 등의 이사단' 이란 의미를 가지고 있다.

CONVERSATION 3

A I see that your son has become a good basketball player.
자네 아들이 훌륭한 농구 선수가 되었더군.

B Yeah, I'm so proud of him. He really **struggled** hard to improve his game.
응, 아주 기특하지. 시합을 위해 정말 열심히 **노력했다네**.

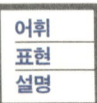
어휘
표현
설명

- 위의 대화에서는 '노력하다' 는 뜻으로 쓰이고 있다.

- **be proud of**는 '~을 자랑스럽게 여기다' 라는 뜻이다.

C Many famous painters were **struggling artists** while they were alive.
유명 화가들 중에서 많은 이들은 살았을 적에는 **무명 예술가들**이었다.

- 위 예문에서 struggling artist를 직역하면 '힘들어하는/투쟁을 하는 예술가' 라고 해석될 수 있지만 토플 시험에서는 '무명 예술가' 란 뜻으로 해석된다. 즉 struggling 뒤에 painter(화가), writer(작가) 등이 이어지면 struggling은 '무명의' 라고 해석하면 된다.

여기에 있으면 안 돼! 움직여!

Take 47-1

Take my word for it.

내 말을 믿어.

Take는 누구나 다 알고 있는 기본적인 동사 중의 하나로, 여기에서는 흔히 접할 수 없었던 의미를 살펴보도록 한다. 먼저 기본적인 의미인 가지다/취하다의 개념에서 → 1) '이기다' → 2) '받다/받아들이다' → 3) '이해하다' 또는 '해석하다'에, 전치사 in이 사용될 경우에는 → 4) '속이다' 라는 의미까지 있다.

CONSERVATION 1

A Who won the speech contest?
스피치 콘테스트에서 누가 이겼니?

B Susan took the first prize.
수잔이 1등을 **했어**.

어휘	
표현	
설명	

▶ 위의 대화에서는 대표적인 의미인 '가지다/취하다' 의 뜻이다. 이런 경우 'win(이기다)' 를 사용할 수도 있고, "Susan won the contest." 라고 해도 의미가 같다.

> **영재의 문화 탐방**
>
> 미국에는 speech contest가 있는데 우리나라의 웅변대회 정도로 생각할 수 있다. 차이가 있다면 우리나라의 웅변대회처럼 웅장한 목소리와 여러 가지 손동작이 없다. 그 대신 아주 자연스런 억양으로 자신의 생각을 논리적으로 표현한다. 연설하는 사람의 발음과 스타일도 중요하지만 그 보다는 자신이 주장하고자 하는 점을 논리적이고 설득력 있게 말해야 한다. 말뿐만 아니라 글짓기에 이러한 요소들이 그대로 반영된다. 그래서 미사여구를 많이 사용하는 한글 작문에 익숙한 우리나라 사람들은 영작을 할 때 어휘와 문법은 많이 알면서도 좋은 영작문을 하기가 쉽지 않다.
> 영어 작문에서 가장 중요하게 생각하는 것은 일정한 형식, 서론 – 본론 – 결론에 맞추어 자신이 주장하려는 바를 뒷받침할 수 있는 예를 제시하면서 논리적으로 전개해 나가야 한다는 점이다. 이러한 글쓰기에 대해 미국 학생들은 초등학교 때부터 수업 시간에 꾸준히 훈련되어 있지만, 우리나라의 경우에는 대학 입시용으로 단기간에 잠시 하는 것에 지나지 않기 때문에 막상 그들과 함께 대학 생활을 하게 되면 그 차이는 매우 크다. 하지만 늦었다고 생각하는 그 순간에 좋은 글을 많이 읽고 매일매일 열심히 쓰는 연습을 하면 어느 날 문득 자신의 발전된 모습을 발견하게 될 것이다. 하루아침에, 그것도 노력 없이 글을 잘 쓸 수 있는 비결은 절대 없다.

CONVERSATION 2

Ⓐ Are you sure that the movie will start at 8?
그 영화 8시에 시작되는 것 맞아?

Ⓑ Of course, take my word for it.
물론이지, **내 말을 믿어**.

어휘	
표현	
설명	

▶ 위 대화는 상대방으로 하여금 '받다/받아들이다' 라는 뜻으로 사용되어 take one's word는 '~의 말을 믿어' 라는 의미다.

CONVERSATION 3

Ⓐ Tom, that wasn't funny.
톰, 하나도 안 우스워.

B Come on, can't you take a joke?
어-야, 농담으로 **받아들일** 수 없어?

- 미국인들은 장난(practical joke) 치는 것을 좋아한다. 하지만 가끔씩 정도를 넘으면 "That wasn't funny."라는 표현을 사용한다.

- **come on**은 이미 설명했지만 위 대화에서는 또 다른 용법으로 쓰이고 있다. 즉, come on이 상대방을 설득하고 이해시킬 때도 쓰인다.

- 장난에 지나치게 민감한 반응을 보이면 위 대화처럼 "Can't you take a joke?"란 표현을 사용한다.

CONVERSATION 4

A What's your take on the election?
선거에 대해서 어떻게 **생각하니**?

B I don't know. I just hope that it will end sometime this century.
몰라, 다만 이번 세기 안에 끝나기를 바랄 뿐이야.

- 위 예문에서는 take가 '이해' 또는 '해석'이라는 뜻이다.

- 미국인들의 대화에서 과장적인 표현법이 종종 등장하는데 빨리 끝나기를 바란다는 의미로 "I just hope this century."를 사용한다.

CONVERSATION 5

A I'm going to a Honda dealership for a new Accord.
새로 나온 어콜드를 알아보러 혼다 매장에 갈 생각이야.

B Remember, don't be **taken in** by a dealer.
명심해, 판매원에게 **속지** 않도록.

어휘
표현
설명

▶ 위 대화에서는 take가 '속이다' 라는 뜻인데 이때는 전치사 in이 연결되어야 한다.

영재의 문화 탐방

요즘 현대와 기아차가 미국 시장에서 싼 차라는 이미지에서 벗어나 어느 정도 자리를 잡았다는 뉴스를 본 적이 있다. 하지만 일본차나 독일차를 따라잡으려면 좀더 많은 시간이 필요할 것 같다. 20~30년 전에 일본차들이 처음 미국 시장에 진출했을 때 주로 소형차를 저렴한 가격에 파는 판매책을 썼다. 하지만 이 차들이 싼 차의 이미지에서 벗어날 수 있었던 것은 미국 차보다 고장이 적고 성능이 월등했기 때문이다. 그래서 1990년대부터는 적극적으로 중형차와 대형차 시장을 공략하면서 일본차가 고급차란 이미지를 갖게 되었다.

이러한 일본차의 이미지 변신에 큰 공헌을 한 차 중에 지난 15년 동안 미국에서 가장 많이 판매되고, 또한 미국인들이 선호한 혼다사의 중형차 Accord다. 미국인들이 이 차를 좋아하는 것은 물론 고장이 잘 나지 않는다는 점도 있지만, 중고차로 팔 경우 다른 차에 비해 비싸게 팔 수 있기 때문이다. 몇 년 전, '스스로 파는 차(The car that sells itself)' 란 슬로건(slogan)으로 Accord의 광고가 나간 적이 있는데 광고 내용인즉, 사람들이 Accord라는 이유 때문에 차에 대해 아무것도 물어보지 않고 차를 사자, 차 판매원이 제발 차에 대해서 설명할 수 있게 해달라고 애걸하는 유머가 담긴 광고였다. 그 만큼 일본인에게는 자부심이 큰 제품이었다.

여기에 있으면 안 돼! 움직여

Take 47 - 2

He is taking it out on everybody he sees.

보이는 사람마다 화풀이를 하고 있어.

Take와 관련된 숙어로 실생활에서 자주 접할 수 있는 경우를 보자.

⋆take after [~를 닮다.]

이 숙어는 '~의 뒤를 쫓아가다' 라는 개념에서 '~를 닮다' 라는 뜻이다.

CONVERSATION 1

Ⓐ Oh boy! John really takes after his father.
세상에! 존은 아버지를 꼭 **빼닮았어**.

Ⓑ That goes without saying. If you know his father, you would not have any trouble recognizing John.
물론이지. 만약 존의 아버지를 본 적이 있다면, 존도 금방 알아볼 수 있을 거야.

| 어휘 |
| 표현 |
| 설명 |

▶ '당연하다' 라는 뜻으로 'That goes without saying' 이란 숙어가 있는데 토플/토익 시험에 아주 잘 나오는 숙어이므로 기억하도록 하자.

⋆take back [취소하다]

이 숙어는 '뒤로 되돌려서 가져간다' 라는 개념에서 '취소하다' 라는 뜻으로 사용되고 있다. 특히 이 숙어는 자신이 이미 한 말이 틀렸다고 시인하는 상황에서 주로 쓰인다.

CONVERSATION 2

Ⓐ How was your date with Tom?
톰과 데이트 한 것 어땠어?

Ⓑ It was wonderful! I must take back what I said about blind dates.
너무 좋았어. 내가 미팅에 관해서 했던 말 **취소해야** 될 것 같아.

> 어휘
> 표현
> 설명

⚪ **blind date**는 흔히 말하는 '미팅' 또는 '소개팅'에 해당되는 표현이다.

> **영재의 문화 탐방**
>
> 미팅(meeting)은 사전적으로 '만남/회의'라는 의미일 뿐, 우리나라에서 사용되는 것처럼 남녀가 소개 받아서 만난다는 뜻은 전혀 없다. 어릴 때부터 남자와 여자가 만나 사귀는 것이 아주 자연스런 현상으로 인식되는 미국에서는 한국식의 미팅을 거의 하지 않는다. 그런데 한 사람을 아주 오랫동안 사귀다가 헤어지거나, 이혼한 직후라면 새로운 사람을 만나는 것이 쉽지 않을 수 있다. 이때 주위에 있는 친구들이 만남을 주선하게 되는데, 이를 가리켜 상대방을 먼저 보지 못했다는 의미에서 'blind date'라고 한다. 이 블라인드 데이트는 대부분 서로가 아주 긴장된 상태에서 만나기 때문에 미국인은 '아주 곤혹스러운 경험(nerve racking experience)'이라고 여긴다.

*have what it takes [~할 능력이 있다]

이것을 직접적으로 해석하면, take가 '요구되다'라는 뜻으로 사용되어 '필요한 요구사항이 있다', 즉 숙어로 '~할 능력이 있다'는 뜻이다.

CONVERSATION 3

Ⓐ Do you think that Sam could become a lawyer?
샘이 변호사가 될 수 있다고 생각해?

Ⓑ I do. He definitely has what it takes to be an excellent lawyer.
응. 아주 유능한 변호사가 **될 자질이 있어**.

> **영재의 문화 탐방**
>
> 미국은 우리나라와는 다르게 변호사나 의사가 되기 위해 학부 4년을 끝내고 법대(law school)는 3년, 의대(medical school)는 4년의 대학원 과정을 거친 후 일정 자격 시험을 보게 된다. 의대나 법대에 가는 것이 우리나라만큼 경쟁이 심한데, 특히 의대의 경우에는 정말 어렵다. 학교에 다니는 동안 1년에 3,000만원 이상 되는 등록금을 대부분 융자를 받아서 내기 때문에 이를 갚기 위해서 제아무리 연봉이 높은 변호사나 의사라 할지라도 10년 동안은 일반 월급쟁이와 별다름 없는 생활을 한다.

✱take it out on someone [~에게 화풀이하다]

이 숙어는 억제하고 있었던 감정을 '~에게 화풀이하다' 라는 뜻이다.

 **CONVERSATION 4**

Ⓐ What's wrong with Mark today?
오늘 마크 왜 그래?

Ⓑ He must be having a bad day. He's taking it out on everybody he sees.
오늘 별로 기분이 안 좋은 것 같아. 마주치는 사람마다 **화풀이를 하고** 있어.

과정이 있어야 끝이 있죠 **Through** 48

I couldn't get through.

통화가 안 되던데.

Through의 가장 널리 알려진 의미는 → 1) '통하여/지나서' 라는 의미다. 하지만 실생활에서는 특히 다른 단어와 연결되어 숙어적인 의미로 많이 사용되고 있다.

✱**run through** [통과하다, ~을 대충 훑어보다]

 **CONVERSATION 1**

Ⓐ **What's wrong with you today?**
오늘 무슨 일 있어?

Ⓑ **I just got a traffic ticket for running through a red light.**
신호 **위반으로** 딱지 뗐어.

283

> 어휘
> 표현
> 설명

◉ 흔히 교통법규 위반 등으로 '딱지 떼다' 라고 표현하는데 이때 '딱지' 를 'traffic ticket' 라고 한다.

◉ '신호를 위반하다' 라고 할 때 도대체 '위반하다' 가 영어로 뭐지? 이렇게 고민을 시작하게 되면 영어가 어려워진다. 우리말에 꼭 맞는 영어 단어란 있을 수 없다. 그러므로 그 상황을 머릿속에 그려보아야 한다. 신호 위반이라는 것이 신호를 무시하고 그냥 지나갔다는 개념이 되므로 위 대화처럼 'run through(통과하다)' 라는 숙어를 사용하면 된다. 사전을 찾아보면 run through는 6가지의 뜻이 나오는데 실생활에서는 위 대화의 용법이나 '~을 대충 훑어보다' 라는 뜻을 주로 사용한다. 예를 들어 The detective ran through the list of suspects.(그 형사는 용의자 리스트를 훑어보았다)가 있다.

*get through [통화하다, 이해시키다, 끝내다]

Ⓐ Why didn't you call me last night?
왜 어젯밤에 전화 안 했어?

Ⓑ I did, but I couldn't get through.
했는데 **통화가** 안 되던데.

> 어휘
> 표현
> 설명

◉ **get** 동사와 함께 사용하는 through는 '통화하다' 라는 뜻도 있다. get through는 사전에 여러 의미가 언급되어 있지만 실생활에서는 위 대화 용법과 '이해시키다, 끝내다' 라는 뜻이 주로 사용된다. I had a hard time getting through to him.(나를 그에게 이해시키는 데 힘들었다) Thanks to your help, I had an easy time getting through the exam.(도와준 덕분에 시험을 아주 쉽게 끝낼 수 있었어)

*through [실패하게 하다, ~로서 끝장나다]

Ⓐ Did you hear about Darryl Strawberry getting arrested once again for a drug offense?
대릴 스트로베리가 마약 혐의로 또다시 체포되었다는 것 들었어?

Ⓑ Yeah, I guess he's finally through as a baseball player.
응, 내 생각에 야구 선수로서의 생명은 **끝장난 것** 같아.

| 어휘 |
| 표현 |
| 설명 |

 'drug (마약)' 과 '죄/위반/공격' 의 뜻인 'offense' 가 합쳐져 drug offense는 '마약 혐의'로 해석된다. offense는 실생활에서 '모욕/불쾌감'이란 뜻으로 쓰인다. 그리고 '위반하다/모욕하다/화나게 하다'라고 할 때는 offend라는 동사를 사용한다.

 위 문장에서 through는 '실패하게 하다/~로서 끝장나다' 라는 뜻이다.

> **영재의 문화 탐방**
>
> 미국에서 프로 운동선수는 명예와 돈을 쉽게 얻을 수 있는 직업이다. 그러나 이러한 것들을 잘 유지하는 사람들이 있는가 하면, 한때의 유혹에 넘어가 운동선수로서의 생명뿐만 아니라 자신의 인생을 완전히 끝장내는 사람도 있다. 그 대표적인 선수가 위 예문의 Darryl Strawberry라는 선수다. 그는 1980년 중반에 메이저리그에 진출해 몇 년 동안 눈부신 활약을 펼쳤다. 야구선수로서 타고난 그의 재능은 그 누구도 따라잡을 수 없다고들 했다. 하지만 90년도 초반부터 마약, 알코올 중독으로 여러 번 출전 금지 조치를 당하기도 했다. 2년 전까지만 해도 뉴욕 양키즈가 우승하는 데 공헌하기도 했으나, 지금은 마약과 관련되어 계속된 연행으로 가택 구금 상태(house arrest)에 있다.

*be through with [완성하다, ~을 끝내다]

 **CONVERSATION 4**

A Can I borrow your paper after you're through with it?
네 레포트 **끝내고** 난 뒤 나한테 빌려줄 수 있어?

B I wish I could, but I borrowed it from Tom.
그랬으면 좋겠는데, 나도 톰한테 빌렸거든.

> **be through with**는 '~완성하다/~을 끝내다'의 뜻으로 쓰이는데 토플을 공부하고 있는 분들은 이 숙어가 자주 출제되니 유의해서 봐야 한다.

*through and through [완전히, 철두철미하게]

 **CONVERSATION 5**

A Who did you vote for?
누구한테 투표했니?

B Bush, of course I'm a Republican through and through.
물론 부시지. 나는 **철두철미한** 공화당원이잖아.

이게 웬 횡재냐? **Treat** 49

I'll treat you to dinner. 저녁은 내가 살게.

Treat은 가장 기본적 의미인 → 1) '~을 다루다/대우하다' 처럼 주로 동사형으로 쓰이지만 명사형으로 쓰이면 → 2) '특별요리' → 3) '접대' 라는 뜻도 있다.

CONVERSATION 1

Ⓐ **John is such a nice person.**
존은 아주 괜찮은 사람이야.

Ⓑ **Of course, he treats everyone with respect.**
그럼, 그는 모든 사람을 **존중해서 대하잖아**.

| 어휘 |
| 표현 |
| 설명 |

- '아주 ~하다'는 뜻으로 사용되는 'such + 관사 + 형용사 + 명사'의 패턴은 시험에도 자주 출제되는 어순이니 외워두면 좋다. 경우에 따라 형용사가 생략될 수도 있으며, 불가산 명사가 올 때는 관사 없이 사용된다.

- 위 대화의 'treat someone with respect'는 글자 그대로 '존중하다'라는 뜻이다.

CONVERSATION 2

Ⓐ How's your new boss?
새로 부임한 너희 상관은 어때?

Ⓑ He is such a bully. He treats everyone like dirt.
폭군 같아. 모든 사람을 **쓰레기처럼 취급해**.

| 어휘 |
| 표현 |
| 설명 |

- 대화 1에서 쓰인 숙어의 반대 의미로 'treat someone like dirt', 즉 '사람을 쓰레기같이 취급하다'라는 숙어도 있다.

- 지금까지 농구선수로 가장 유명한 마이클 조던이 현역에 몸담았던 팀이 Chicago Bulls였다. 농구에 조금이라도 관심이 있는 사람들은 이 팀의 로고에 황소가 그려져 있는 것을 기억할 것이다. 즉 bull은 황소를 뜻한다. 그래서 황소같이 상대를 밀어붙인다는 개념에서 bully는 '약한 사람을 괴롭히는 자'라는 뜻으로 동네에서 힘 좀 있다고 '약한 애를 못 살게 구는 애'나 위 상황처럼 '자기의 위치를 이용해 부하 직원을 괴롭히는 사람'을 뜻한다.

CONVERSATION 3

A **Did you know James got his license suspended and was sentenced to 50 hours of community service?**
제임스가 면허 정지되고 50시간의 사회 봉사를 언도받은 것 알아?

B **Yeah, this state doesn't treat drunk driving lightly.**
응, 여기 주는 음주 운전을 가볍게 **다루지** 않아.

- **suspend**는 '정지하다' 란 뜻으로 사용되는데 위 상황처럼 '면허 정지' 라는 뜻도 있고 '시간이나 계획이 정지' 되는 것을 뜻할 수도 있다.

- **sentence**는 명사형으로 '문장' 이란 뜻으로 이미 알고는 있지만, 동사형으로 쓰일 때는 '형벌을 내리다' 라는 뜻이다.

- **treat**이 '~로 여기다/~로 간주하다' 라는 의미로 쓰일 때는 뒤에 as를 붙이기도 하고 붙이지 않기도 한다.

- **drunk driving**은 '음주 운전' 이란 뜻이다.

영재의 문화 탐방

우리나라도 음주 운전에 대한 처벌이 엄격하지만 미국 또한 근래 들어 아주 엄격해지고 있다. 음주 운전으로 적발되면 수십만에서 수백만 원에 상당하는 벌금을 물게 된다. 우리나라와 다르게 음주 운전자는 법정에 출두해서 판결을 받기 때문에 이러한 경범(misdemeanor)죄에도 변호사를 고용해야 한다. 그래서 어떤 경우에는 벌금보다 변호사 비용이 더 많이 든다.

음주 운전은 경범죄로 취급되기 때문에 벌금 이외에 사회 봉사(community service)도 해야 한다. 미국에서는 이러한 사회 봉사 활동이 잘 되어 있기 때문에 만약 본인이 특별한 전문적 기술이나 지식이 있으면 그러한 전문성을 발휘하기도 한다.

CONVERSATION 4

A Mr. Henson was diagnosed with lung cancer.
헨슨 씨는 폐암으로 진단받았어.

B I know, but fortunately I heard it's treatable.
알고 있어. 그런데 다행히 **치료 가능하다고** 하던데.

어휘 / 표현 / 설명

- **diagnose**는 '평가/진단하다' 라는 뜻으로 여러 상황에서 사용되는 단어다. 또한 형용사는 diagnostic인데 흔히 우리가 레벨 테스트라고 하는 '자기 진단 시험' 을 'diagnostic test' 라 말한다.

- **treat**이 병과 관련된 상황에서 쓰이면 '치료하다' 의 뜻이다. 형용사 treatable은 '치료가 가능한' 이란 뜻이다.

SENTENCE

A I just got a bonus, so I'll treat you to dinner.
보너스를 받았으니, 저녁은 내가 **살게**.

- 우리가 하는 말 중에 '한턱내다' 를 영어로 올바르게 표현하려면 treat을 쓰는데 이때 전치사 to와 함께 사용한다.

B Jason spent the entire day preparing a special treat for Helen.
제이슨은 헬렌을 위한 **특별 요리**를 준비하느라 온종일을 보냈다.

- 위 예문에서는 treat이 '특별 요리' 라는 뜻이다. 그리고 경우에 따라서는 아이들에게 주는 '케이크' 나 '사탕' 같은 것을 뜻할 수도 있다.

ⓒ I took Amy to a concert as a special treat for her birthday.
나는 에이미의 생일을 위한 특별한 **접대**로 콘서트에 데리고 갔다.

▶ 여기서의 treat은 '대우/접대' 등의 의미다. 위 대화와 예문에서 보면 treat이 아주 다양한 상황에서 쓰이는 것을 알 수 있는데, 기본적으로 특히 명사형으로 사용될 때는 긍정적인 의미를 띤다. 사용되는 여러 의미를 하나하나 완벽하게 기억을 못 하면 그 상황에 따라 해석해보면 여러분의 영어 해석 능력이 어느 정도 발전하게 될 것이다.

50 Upset

가만히 놔두지를 않네

Sometimes I eat it so fast that I get an upset stomach.

때때로 너무 빨리 먹어 체하기도 해.

회화에서 우리는 Upset을 단지 '화가 나다' 라는 뜻으로만 쓰고 있지만, 실제 이 단어의 기본적인 개념은 →1) '지속되고 있는 균형이 깨지다' 라는 뜻이다. 그 예로, 정신적인 평정의 균형이 깨지면 →2) '화가 나다' 의 뜻이 된다. 음식 따위를 잘못 먹게 되어 뱃속의 균형이 깨지는 경우 →3) '체하거나 배탈이 나다', 팽팽한 맞수에서 한쪽의 힘이 더 강하게 되면 →4) '힘의 균형이 깨지다' 는 뜻으로, 경기에서 지고 있던 팀이 이기게 되면 유지해오던 균형이 깨지게 되어 →5) '역전승(하다)' 이라는 뜻으로 쓰일 수 있다.

CONVERSATION 1

A **Why are you so grumpy today?**
오늘 왜 그렇게 심술궂어?

B **I'm really upset about the game yesterday.**
어제 그 게임 때문에 정말 **화가 나**.

> 어휘
> 표현
> 설명

◉ **grumpy**는 '투덜거리는/심술이 난'의 뜻이며, 흔히 나이든 노인들이 사사건건 간섭하고 투덜거리는 것을 묘사할 때 'a grumpy old man(심술궂은 노인)'이란 말을 많이 쓴다.

◉ 대화 1의 upset이 가장 흔히 쓰이는 뜻은 '화가 나다/신경에 거슬리다'이다.

CONVERSATION 2

Ⓐ How about meatloaf for dinner?
저녁으로 미트로프 어때?

Ⓑ I love it, but do you have Pepto Bismol? Sometimes I eat it so fast that I get an upset stomach.
좋기는 한데, 혹시 펩토 비스몰 있어요? 때때로 너무 빨리 먹어 **체하기도** 하거든요.

> 어휘
> 표현
> 설명

◉ 위 문장의 'get an upset stomach'은 '체하거나 배탈이 나다'라는 뜻으로 해석할 수 있다. '체하다'의 뜻으로 더 정확한 단어는 'indigestion(소화 불량)'이고, '배탈나다'는 'diarrhea'다.

> **영재의 문화 탐방**
>
> 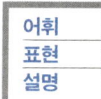 Pepto Bismol(펩토 비스모)는 미국에서 유명한 소화제 이름이다. 한국인들이 박카스를 여러 이유 때문에 마시는 것과 마찬가지로 미국에서는 이것을 애용한다. 우리나라 사람들은 술을 먹은 다음날 해장국을 먹는데 미국인은 아주 과음한 다음날엔 물약으로 된 Pepto Bismol를 해장용으로 마신다. 그래서 가끔씩 영화에서 핑크색 물약을 마시는 장면은 거의 틀림없이 이런 상황이다. 뿐만 아니라 스트레스로 생기는 만성 위궤양 등을 앓는 의사들도 이 약을 거의 입에 달고 산다.
> 음식에 있어 엄밀히 말하자면 정통적인 미국 음식이란 없다고 보아도 좋다. 거의 대부분 이민자들이 보급한 음식이 많은데, 위 문장의 미트로프는 순수하게 미국에서 만들어진 음식(all American food)이다. 20세기 초부터 보급된 이 음식은 어느 종

류의 고기로도 손쉽게 만들 수 있으며, 일단 만들어놓으면 나중에도 데워서 먹을 수 있어 편리하다. 그래서 맞벌이 부부가 많은 미국인들은 마치 한국 사람들이 김치찌개나 된장찌개를 먹듯이 이 음식을 즐겨 먹는다.

SENTENCE

Ⓐ With the victory yesterday, the Yankees upset the balance of power in the American League and became a dominant team.
어제의 승리로, 양키즈 팀은 아메리칸 리그에서 팽팽하던 **균형을 깨고** 완전히 독보적인 팀으로 자리잡게 되었다.

▶ 위의 문장의 upset은 '힘의 균형이 깨지다' 라는 뜻으로 해석된다.

▶ '~을 지배하다' 라는 뜻으로 dominate가 있다. 실생활이나 토플에 많이 나오는 단어다. 실생활에서는 어떤 상황이든 dominate가 나오면 한쪽이 다른 쪽을 압도해서 게임 같은 것을 '일방적으로 이긴다' 또는 어떤 주제가 대화나 토론을 '압도하다' 등으로 많이 쓰인다. 그래서 형용사 dominant는 '지배하는/우세한' 이란 뜻이다.

Ⓑ It was a great upset for the Yankees to come back from five runs down in the bottom of the ninth inning.
9회 말에 5점을 뒤지고 있던 양키즈 팀으로서는 통쾌한 **역전승**이었다.

▶ 예문 B처럼 스포츠 경기에서 '역전승(하다)' 라는 뜻으로 쓰일 수 있다.

▶ 우리나라에서도 가수가 다시 활동을 할 때나 운동선수가 부진을 극복하고 다시 활기찬 선수생활을 할 때 컴백(come back)이라고 하듯이, 미국도 그렇게 표현한다. 그리고 예문 B와 같은 상황에서는 '회복하다' 라는 뜻으로 쓸 수 있다.

▶ 야구에서 '~점 차로 지고 있다' 라는 뜻으로 '~ runs down' 이라고 표현한다. 반대로 '~점 차로 이기고 있다' 고 할 때는 '~ runs up' 이라고 표현한다.

▶ **in the bottom of the inning**은 야구 경기에서 '~회 말' 이란 뜻이다. 반대로 '~회 초' 는 in the top of the inning이다.

휴식 코너 7

어느 날 영어 강사 한 분이 필자에게 영어로 'e-mail에서 글자가 깨져서 나온다'는 말을 어떻게 하는지 물어보았다. 이 질문을 받고 생각해보니 영어로 이런 말을 표현해본 적이 없는 것 같았다. 미국에서는 대부분 영어로 된 운영체제를 사용하고 e-mail 역시 영어로 주고받기 때문에 컴퓨터끼리 호환이 안 되는 경우가 거의 없어 글자가 깨진다는 표현 자체를 할 필요도 없고 또 그런 표현을 들어보거나 사용하지도 않았던 것이다.

그래서 얼른 생각이 나질 않아, 글자가 깨진다는 표현을 어떻게 하는지 구체적으로는 잘 모르겠지만, 이 상황 자체를 설명하면 되지 않겠느냐고 했다. 하지만 그분은 만족스럽지 않았는지 이번에는 진짜(?) 미국인인 백인 강사에게 같은 질문을 했다. 그랬더니 백인 강사의 대답이 "I can't read your e-mail. Please send it again." 이라고 했다. 그 또한 본인이 컴퓨터 전문가가 아니기 때문에 잘 모르겠다고 대답했다.

이 상황에서 필자는 두 가지를 느꼈다. 하나는 한국 사람들 중에서 아무리 영어를 잘한다는 사람도 본인이 하고 싶은 한국말에 딱 들어맞는 영어 어휘가 있을 것이라고 생각한다는 것이다. 이러한 면을 보면서 아직도 한국에는 영어를 제대로 공부하는 방법이 없구나 하는 생각이 들었다. 굳이 영어 교육 전문가가 아니더라도 한국 영어 교육에 문제가 많으며, 가장 큰 문제점으로 영어에 대한 교육 방법이 아무리 바뀐다 하더라도 여전히 몇십 년 된 구태의연한 방식에서 크게 벗어나지 못하고 있다는 것을 지적할 수 있다.

하지만 이보다 더 큰 문제는 이러한 문제점에 대해 인식하고 있으면서도 정작 영어를 가르치는 입장에 있는 사람들조차 영어에 대한 접근 방식을 새로 개발하거나 찾는 것이 아니라 기존에 자신이 배웠던 낡은 사고방식으로 접근한다는 것이다. 물론 영어와 한국말은 공통점이 있겠지만 그렇지 않을 수도 있다. 또한 미국인이라 하여 영어에 대해 백과사전과 같은 지식이 있는 것은 아니다. 그러므로 영어를 대할 때 살아 있는 언어라 생각하고 스스로 터득해나가려는 노력을 해야만 어느 정도 그 노력에 대한 대가로 영어의 왕도를 찾을 수 있다.